子どもを本好きにする10の秘訣

花まる学習会
高濱正伸
平沼純

実務教育出版

子どもを変える厳選 291 冊

本書には、私が自信をもっておすすめできる 291 冊がブックリストとして掲載されています。どれも、子どもたちに確実に力を与えてくれるものばかりです。なかには、内容の紹介や「おすすめポイント」だけでなく、実際に読んだ子どもたちやお父さん、お母さんたちによるコメントを載せているものもあります。言ってみればこれは、私が選んだと同時に、教室の子どもたちやかつて子どもだったたくさんの人たちに愛されて、読みつがれてきたリストであるとも言えるのです。※現在では、入手困難なものも含まれています。

8分野 291 冊！

次のとおり、8分野に分けてご紹介します。

◎対象学年の目安

紹介している本を読むのに適した学年を次のとおり表記してあります。もちろん、これはあくまでも目安としてください。

♥ …… 主に入学前から小学１・２年生向け
♥♥ …… 主に小学３・４年生向け
♥♥♥ …… 主に小学５・６年生向け

命・生き方

「私は、生まれる前はどこにいたの？」

以前、担当していた生徒全員に「今まででいちばん不思議に思ったこと」というテーマでアンケートをとったとき、ある小学１年生の女の子が書いた疑問です。

自分はなぜ生まれてきたの？　人生ってなに？　この世界ってなに？　死んだらどうなるの？

ときに子どもは、そうした非常に根源的な問いを抱く「哲学者」となります。

「命や生命、人の人生はなんて不思議なんだろう」という感性を刺激することは、限りある命をいとおしく思えることにもつながります。

どういうわけか生を得て、今、この世界に生きている自分という存在。

この「生きることの不思議」を自分なりに考えるという、これ以上はないくらいエキサイティングな楽しさを味わえる、たしかなきっかけとなり得る本を選びました。

01 せいめいのれきし

●バージニア・リー・バートン文・絵
●いしいももこ訳
●岩波書店

地球が生まれてから今までの時間。その長い生命の歴史を、劇場仕立てで描いたロングセラー。はるか昔の時代が具体的にイメージでき、生命の壮大な歴史に思いを馳せることができます。2015 年に、恐竜研究の第一人者・真鍋真さん監修による改訂版が出版されました。
「私自身、子どものときよく読んでいた本。娘も大好きで、『それぞれの時代の様子が詳しく描いてあっておもしろい』とくぎづけになっているようでした」（小４女子父）

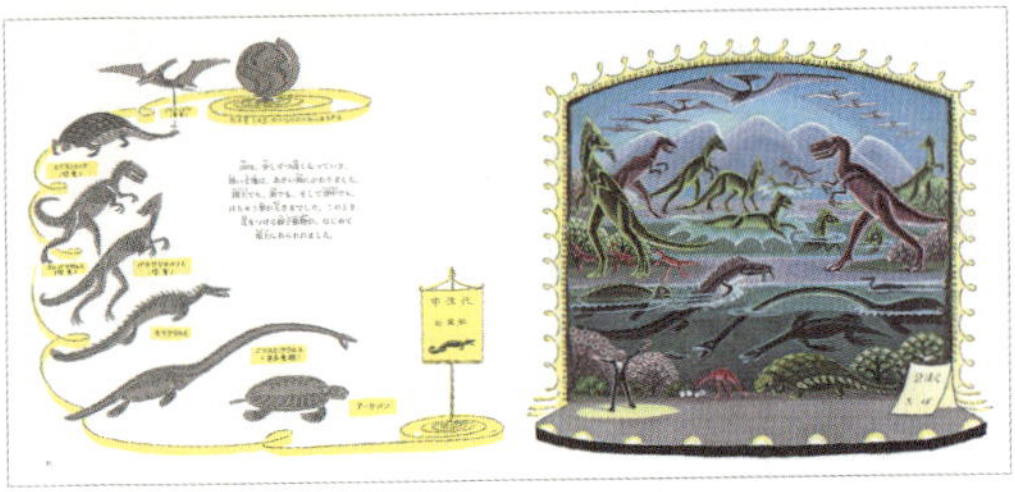

02 こいぬがうまれるよ

●ジョアンナ・コール文
●ジェローム・ウェクスラー写真
●つぼいいくみ訳　●福音館書店

隣の家に子犬が産まれ、語り手である女の子が一匹を引き取ることになりました。ダックスフントの赤ちゃんの誕生、その成長の過程をモノクロ写真で写し取った写真絵本。生命が誕生する瞬間の不思議な気持ち、子犬の成長を喜ぶ語り手の女の子の心情が、ページから伝わってきます。

03 あかちゃんがやってくる

●ジョン・バーニンガム作
●ヘレン・オクセンバリー絵
●谷川俊太郎訳　●イースト・プレス

「もうすぐ赤ちゃんがくるのよ」というママのひと言で始まる絵本。「いつ来るの？」「なんて名前にするの？」「赤ちゃんはなにになるのかな？」と、さまざまな疑問をママにぶつける男の子。もうすぐ「お兄ちゃん」になるひとりの男の子の視点で、新しい生命が生まれる不安と期待など、複雑な心情を見事に表しています。

「去年弟が生まれたとき、ちょっとこの本を思い出しました」（小３男子）
※品切れ中、重版未定

04 ちいさいおうち

●バージニア・リー・バートン文・絵
●いしいももこ訳
●岩波書店

静かな田舎にたっている小さいおうちは、温かい人々に囲まれ、移ろいゆく四季の美しい風景を楽しみながら幸せに暮らしていました。ところが、ときとともにまわりに家や高いビルディングが立ち並ぶようになり、小さいおうちは街のなかに埋もれていってしまい……。「ときの流れ」を詩情豊かな言葉と魅力的なイラストで表したロングセラーであり、絵本の歴史に残るバートンの傑作です。

「子どもの頃よく読んでいました。まわりの風景が変わるにつれて、ちいさいおうちの表情も変わっていくように見えるのが印象に残っています」（小５女子父）

05 ラチとらいおん

●マレーク・ベロニカ文・絵
●とくながやすもと訳
●福音館書店

世界で一番弱虫な男の子ラチは、「らいおんがいたら何も怖くないのに」と思います。すると、突然小さな赤いらいおんが現れて、ラチが強くなる訓練をしてくれます。「自分の心を支えてくれるなにか」を描いた、ハンガリーのロングセラー絵本。

「私も弟も、くり返し読みました。ラチとらいおんの絆に感動！」（小６女子）

07 ビロードうさぎ

●マージェリィ・ウィリアムズ文　●いしいももこ訳
●ウィリアム・ニコルソン絵
●童話館出版

06 わたし

●谷川俊太郎文
●長新太絵
●福音館書店

09 わたしたちのトビアス

●セシリア・スベドベリ編
●山内清子訳
●偕成社

08 時計つくりのジョニー

●エドワード・アーディゾーニ作
●あべきみこ訳
●こぐま社

10 ウエズレーの国

●ポール・フライシュマン作
●ケビン・ホークス絵　●千葉茂樹訳
●あすなろ書房

町で仲間外れにされていた少年ウエズレーは、夏休みの自由研究で庭に「自分だけの文明」を作ろうとします。自分で作物を育て、家や服も作り、文字や数の数え方も考えてしまう……。人の持つ無限の可能性が感じられる一冊です。

「からかわれていたウエズレーが、自分で国を作っていって、仲間が増えていくところが印象に残っています」（小６男子）

11 盆まねき

●富安陽子作
●高橋和枝絵
●偕成社

主人公なっちゃんは、８月のお盆に田舎のおじいちゃん、おばあちゃんを訪れ、数々の不思議な体験をします。日本の古き良き夏の情景を背景に、平和への祈りが静かに描かれる、珠玉の短編集です。あとがきで描かれる、戦時中に特攻隊で亡くなった著者の親類の話を知ったあとに、もう一度はじめから読み返したくなるはず。

「どれも不思議な話で、実際に起きたらすてきなものばかりです。特に、最初の『ナメクジ』の話がおもしろいです」（小６女子）

12 あたしが部屋《へや》から出ないわけ

●アメリー・クーテュール作
●小泉るみ子絵　●末松氷海子訳
●文研出版

大好きだったおばあちゃんを亡くした少女リュシーは、なにをするのも嫌になり、自分の部屋に閉じこもってしまいます。人の死、それを受け入れるということを考えるきっかけとなる、薄くても深い一冊。出版されたフランスでは、人生の大切な出来事を題材にした作品に与えられる、「クロノス賞」を受賞しました。

13 びりっかすの神さま

●岡田淳著
●偕成社

転校生の始（はじめ）が教室のなかで見た小さな天使のような男の人は、びりになった人でないと見えないという不思議な神様「びりっかすさん」でした。やがて始はびりっかすさんと交流するようになりますが、クラスのほかの子どもたちもその存在に気づいて……。他人との競争、「がんばること」の意味など、大人にとっても深く考えさせられるストーリーです。

「自分も心のなかで、びりっかすさんと会話してみたいと思いました」（小６女子）

14 ぼくにきづいたひ

●杉山亮作
●片山健絵
●理論社

日曜日の朝、お父さんたちの趣味の寺社めぐりに付きあうことになったぼくは、あるお寺のお堂でひとりぼんやりとします。そして、ふと目の前の風景を前にも見たことがあるような気がして、「ぼくはどこからきたんだろう？」と考えはじめます——。きっと誰もが体験する、「自分という存在」に気づく瞬間の不思議な感覚を、抑制のきいた言葉とイラストで表して鮮烈な印象を与えます。

15 ローベルおじさんのどうぶつものがたり

●アーノルド・ローベル作
●三木卓訳
●文化出版局

16 綱渡《つなわた》りの男

●モーディカイ・ガースティン作
●川本三郎訳
●小峰書店

17 水曜日のクルト

●大井三重子作
●浅倉田美子絵
●偕成社

18 まほうをかけられた舌

●安房直子作
●遠藤てるよ画
●岩崎書店

19 いま生きているという冒険

●石川直樹著　●100% ORANGE／及川賢治　イラスト
●イースト・プレス

若くして世界七大陸の最高峰を制覇した著者が、自身の旅の記録を豊富な写真とともに紹介しています。インドひとり旅、北極から南極までの踏破、熱気球による太平洋横断……。まだ見ぬ世界への憧れが掻きたてられるとともに、日々心を揺さぶるなにかに出会いながら生きることの大切さに気づかされる一冊です。

「写真がいっぱいあって、旅に出たくなりました！　特にインドの話がおもしろかったです」（中１男子）　※品切れ中、重版未定

20 夜の神話

●たつみや章著　●かなり泰三絵
●講談社

６年生のマサミチは、母方のおばあちゃんの住む田舎に引っ越すことに。そこでの神々たちとの出会いをとおして自然と触れあっていくマサミチでしたが、パパの勤める原子力発電所がメルトダウンを起こし、とんでもない事態に……。3.11 での原発事故を思わせるシーンも登場する異色のファンタジー。命、人としての生き方、自然などさまざまなテーマが描かれていて、これからの日本でどう生きていけばいいか、考えるきっかけが得られます。

「受験勉強のとき何度もこの本を読んで、大きな支えになりました。エネルギー問題の勉強にもなるけど、とても心に響く話で、自分にとって一生ものの一冊です」（中１男子）　※品切れ中、重版未定

21 キップをなくして

●池澤夏樹著
● KADOKAWA

キップをなくした少年イタルは、「ステーション・キッズ」と名づけられた子どもたちと東京駅で暮らすことになり、駅と電車に関する数々の仕事を一緒にしていきます。少年たちのひと夏の不思議な体験をとおして、生と死、社会、ときの流れなど、さまざまなテーマが鮮やかに描かれます。

「電車が好きだからという理由で読み始めましたが、どんどん引きつけられていきました。たくさんの人に読んでもらいたいです」（中１男子）

23 希望の牧場

●森絵都作
●吉田尚令絵
●岩崎書店

22 エンデュアランス号大漂流

●エリザベス・コーディー・キメル著
●千葉茂樹訳
●あすなろ書房

25 ペンキや

●梨木香歩作　●出久根育絵
●理論社

24 ふたつの月の物語

●富安陽子著
●講談社

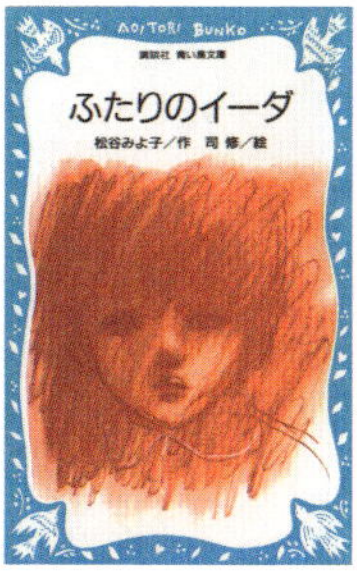

26 ふたりのイーダ

●松谷みよ子作
●司修絵
●講談社

直樹とゆう子の兄妹は、お母さんの故郷である城下町へ。そこで見つけた古い洋館で、「イーダ」という女の子を探して夜に歩きまわる不思議な椅子と出合います。椅子の正体は？ その洋館ではなにがあったのか？ 幻想的な雰囲気のなか謎解きが進んでいき、徐々に戦争における原爆の悲劇の記憶が明かされていく、異色の戦争文学。同じ作者による『屋根裏部屋の秘密』などもおすすめ。

27 西の魔女が死んだ

●梨木香歩著
●新潮社

心に傷を負った少女まいは、イギリス人である母方のおばあちゃんのもとで、魔女修行をすることに。修行の肝心かなめは、「何でも自分で決める」ということ。「西の魔女」ことおばあちゃんのひとつひとつの言葉がいつまでも胸に響く、珠玉の一冊です。同じ作者による『エンジェル　エンジェル　エンジェル』などもあわせておすすめです。

「最後のページで思わず涙が出ました。悲しい場面もあるけど、温かい雰囲気の話です」（中１女子）

28 時をさまようタック

●ナタリー・バビット著
●小野和子訳
●評論社

家出した10歳の少女ウィニーは、不思議な泉の水を飲んで永遠の生命を得たタック一家と、森で出会います。彼らとの交流のなかで、思いもかけない事件に巻き込まれていくウィニー。永遠の生命は持つべきか？ 限りある生命を生きるほうがよいのか？ 自分の生き方を考えるきっかけとなる、傑作ファンタジー。

29 赤いおおかみ

●フリードリッヒ・カール・ヴェヒター作
●小澤俊夫訳
●古今社

30 みどりのゆび

●モーリス・ドリュオン作
●安東次男訳 ●ジャクリーヌ・デュエーム絵
●岩波書店

31 およぐひと

●長谷川集平著
●解放出版社

32 永い夜

●ミシェル・レミュー作
●森絵都訳
●講談社

33 テラビシアにかける橋

♥♥♥

●キャサリン・パターソン作
●小松咲子絵　●岡本浜江訳
●偕成社

絵の好きな少年ジェシーは、都会から引っ越してきた不思議な魅力を持った少女レスリーと出会います。２人は「テラビシア」と名づけた秘密の場所で自由に想像を広げ、２人だけの世界を作っていきますが……。深遠なテーマを繊細な表現で描いた傑作です。

34 十一月の扉

♥♥♥

●高楼方子作
●千葉史子絵
●講談社

引っ越しを前に、２か月だけ「十一月荘」で下宿生活を送ることなった爽子（そうこ）。個性的な人たちとの出会いをとおして、爽子はお気に入りのノートに自分だけの物語を書き始めます。「人が自分の物語を作って生きること」を希望に満ちたストーリーで描いた、読後感非常にさわやかな一冊。

「自分も十一月荘の人たちと語り合ってみたいと思いました。血のつながっていない人たちでも家族と思えるなんてすごい！」（中１女子）

35 夏の庭 —The Friends—

♥♥♥

●湯本香樹実著
●新潮社

「人が死ぬ瞬間を見たい」という好奇心から、町外れに住む老人を「観察」しはじめた３人の少年。やがて老人と交流するようになった少年たちは、その夏、決して忘れることのできない体験をすることになります……。「死」というテーマを扱いながら、どこまでも生きることに希望が感じられる珠玉の一冊。

37 特別授業 3.11 君たちはどう生きるか

♥♥♥

●河出書房新社

36 子どものための哲学対話

♥♥♥

●永井均著
●内田かずひろ絵
●講談社

40 プチ哲学

♥♥♥

●佐藤雅彦文・絵
●中央公論新社

39 いのちの食べかた

♥♥♥

●森達也著
●イースト・プレス

38 ４コマ哲学教室

♥♥♥

●南部ヤスヒロ・相原コージ著
●イースト・プレス

科学

科学の楽しさとは、まだよくわかっていない物事を自分なりの視点で考えて、何らかの発見をし、「うわー、すごい！」と驚きを感じるということにあります。

経済学者の大竹文雄さんは、このことに関して「『科学者の物語』さすがイギリス、質も量も」というエッセイのなかで鋭い指摘をしています（日本経済新聞 2009 年 9 月 6 日）。

曰く、日本の一般的な教科書は内容が薄く、しかもすでに「わかっていること」を羅列しただけなので、科学が新たに発見や発明をする余地がないものだという誤解を与えてしまう、と。

子ども時代に何よりも大切なのは、「もっと知りたい！」という知的好奇心をさまざまな角度から刺激し、「未知を考える」楽しさを味わうこと。知識を覚えるということは、その後の段階で自ずと身についてきます。

そんな、考えるおもしろさや発見の喜び、快感を味わえるような、ときには魅力的な物語性にもあふれた科学の本を選びました。

41 1《ひと》つぶのおこめ さんすうのむかしばなし

●デミ作　●さくまゆみこ訳
●光村教育図書

インドのある村の娘は、強欲な王に「1 日目は米を 1 粒、2 日目以降は前日の倍の米を 30 日間もらう」約束をしますが……。倍数の感覚が視覚的にわかり、アジア風の美しいイラストも魅力です。
「読み聞かせのボランティアをしていて、3 年生のクラスで読みました。30 日目に米を運ぶ 256 頭の象のページを開いた瞬間、教室中から『おーっ！』という歓声があがりました。おすすめです！」（小 5 男子母）

42 しずくのぼうけん

●マリア・テルリコフスカ作
●ボフダン・ブテンコ絵　●うちだりさこ訳
●福音館書店

バケツから飛び出した水のしずくが、さまざまな場所へと旅に出ます。日に照らされて空に上がり、雨となって地上に戻り、冬になると氷になる。水の状態変化が、ドキドキするストーリーと親しみやすいイラストで表わされた、ポーランドの古典絵本です。
「幼稚園生のときに大好きでした。しずくが次はどこへ行くのか？とハラハラしながら読んでいました。今から思うと、知らず知らずのうちに水の循環を勉強していたと思います」（小 6 男子）

43 よわいかみ　つよいかたち

●かこさとし著・絵
●童心社

はがきの上に10円玉をのせると、たった4枚で落ちてしまう。しかし、はがきを1回折ってみるだけで……。身近なものを利用して力学の原理がわかる科学絵本。読んだあとは、きっと家にあるはがきで実験してみたくなるはず。

「作者がいろいろな形の紙で10円玉がどこまでのるか、追究する姿が印象的。自分もこの本を読んで、紙を使って《絶対に崩れない橋》を作ってみました！」（小５男子）

44 ぼくからみると

●高木仁三郎文　●片山健絵
●のら書店

夏休みのある昼下がり。ひょうたん池のほとりには釣りをするひとりの少年、池のなかには魚やかいつぶり、空にはとんびがいます。さまざまな動物の視点から見えた池の周囲の世界を、迫力ある油絵で描いた絵本。自分以外のなにかになる感覚が味わえる、優れた「思考実験」の本。

「ひとつの風景をいろいろな角度から見るとどうなるかが想像できて、とてもおもしろいです」（小５女子）

45 ぼくのいまいるところ

●かこさとし著　●太田大輔絵
●童心社

僕が今いるのは、自分の家の庭。そこから町、日本、世界、地球、太陽系へとどんどん視点を広げて、ついには銀河系も飛びこえていきます。自分が広い宇宙のなかに存在しているという、たしかな実感が得られます。「自分とは一体何者か？」という哲学的な問いについて考えるきっかけとなる絵本です。

46 はじめてであう すうがくの絵本 1～3

●安野光雅作
●福音館書店

47 ははははのはなし

●加古里子文・絵
●福音館書店

48 かぞえうたのほん —すうじさがしかぞえうた

●岸田衿子文　●スズキコージ絵
●福音館書店

49 おそらに はては あるの？

●佐治晴夫文　●井沢洋二絵
●玉川大学出版部

50 フィボナッチ 自然の中にかくれた数を見つけた人

●ジョセフ・ダグニーズ文　●ジョン・オブライエン絵
●渋谷弘子訳
●さ・え・ら書房

史上最も優れた数学者のひとり、レオナルド・フィボナッチが、どのようにして自然界の数の規則性「フィボナッチ数列」を発見したのかを記した伝記絵本。各ページのいたるところにフィボナッチ数のかくれた自然物が描かれているなど、遊び心に満ちた一冊。

「フィボナッチ数列がわかったページでは、鳥肌が立ちました。《のうなし》と呼ばれても勉強をやめなかったフィボナッチに感動！」（小５男子）

51 雪の結晶ノート

●マーク・カッシーノ、ジョン・ネルソン作
●千葉茂樹訳
●あすなろ書房

小さな雪の結晶ができていくプロセスを、美しい写真と平易な文章でつづった科学絵本。66 種類の本物の雪の結晶を見ると、「自然界にこんなに美しいものがあるとは！」と驚きを感じるはず。観察の仕方も説明されていて、雪の日が楽しみになります。

「一つぶ一つぶ違う、とても幻想的な雪の結晶たちに、つい見とれてしまいます！」（小６女子）

52 モグラはかせの地震《じしん》たんけん

●松岡達英作・絵　●溝上恵監修
●松村由美子構成
●ポプラ社

地震はなぜ起きるのか？　地球のなかはどうなっているのか？　地面の下にいるモグラはかせと一緒に、地震のメカニズムを解き明かしていくノンフィクション。図や表、漫画を使って説明されていて非常に読みやすい。著者である絵本作家・松岡氏は、2004 年の新潟中越地震で被災。そのときの経験をもとにつくられました。

「文章だけでなく漫画もあってとてもわかりやすいです。東京の下に３つもプレートがあるということに驚きました」（小５男子）

53 星座を見つけよう

● H.A. レイ文・絵
●草下英明訳
●福音館書店

54 氷の世界（科学のアルバム）

●東海林明雄著
●あかね書房

55 富士山大ばくはつ

●かこさとし作
●小峰書店

56 あかりの大研究 —くらしを変えてきた　たき火、ろうそくから LED まで

●深光富士男著　●坪内富士夫、藤原工監修
● PHP 研究所

57 天動説《てんどうせつ》の絵本《えほん》 てんがうごいていたころのはなし

♥♥

●安野光雅作
●福音館書店

地球が全宇宙の中心であると信じられていた、中世の様子を描いたユニークな絵本。装丁も非常に凝っています。宗教と科学の対立などが詳細なイラストで描かれていて、世の中の常識を疑うことで科学が発達してきたという、歴史の大きな流れを感じられます。

58 絵とき ゾウの時間とネズミの時間

♥♥

●本川達雄文　●あべ弘士絵
●福音館書店

ゾウとネズミは、体の大きさも食べる量も寿命もまったく違う。しかし､一生の間に打つ心拍数は､意外にも15億回とまったく同じ。興味深い数々の事実から、地球上の動物たちの生き方が見えてきます。同名の一般書を、遊び心あふれる文体とイラストで子ども向けに絵本化したもの。

「ネズミはすぐ死んでしまってかわいそうだと思っていたけれど、そんなことはないとわかって驚きました！」（小６女子）

59 土の色って、どんな色？

♥♥

●栗田宏一作
●福音館書店

日本全国のあらゆる場所の土を、明快に比較できる写真絵本。関東平野の畑の土は黒っぽいが、関西は白っぽい。場所によってここまで色や質感が異なるという事実に、大人でも驚かされます。

「旅行に行くとき、この本を持って実際にいろいろな場所の土を調べてみたくなりました」（小５男子）

61 ホネホネ絵本

♥♥

●スティーブ・ジェンキンズ作
●千葉茂樹訳
●あすなろ書房

60 飛行機の歴史

♥♥

●山本忠敬著
●福音館書店

63 科学者の目

♥♥

●かこさとし著
●童心社

62 地球のために わたしができること

♥♥

●枝廣淳子著
●大和書房

64 月の満《み》ちかけ絵本

●大枝史郎文　●佐藤みき絵
●あすなろ書房

新月から三日月、満月を経て、再び新月へ――。月の満ちかけのサイクルを、明快なイラストとわかりやすい文章で表したユニークな科学絵本。それぞれの月にまつわる言い伝えなど、補足的な説明も魅力的。2014～2021年の月の満ちかけ表もついていて、実際に観察をするときに役立ちます。

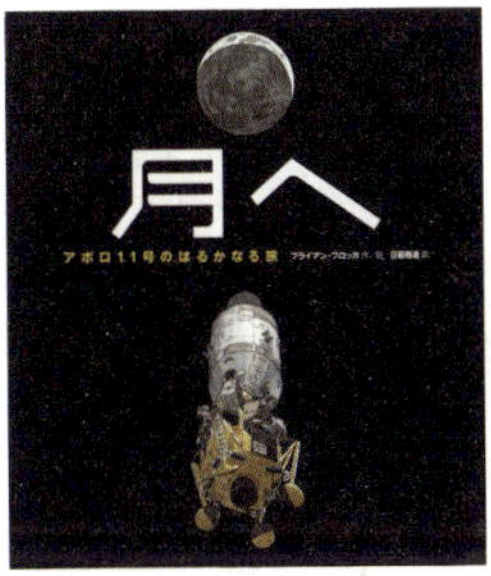

65 月へ アポロ11号のはるかなる旅

●ブライアン・フロッカ作・絵
●日暮雅通訳
●偕成社

1969年、人類初の月面着陸を果たしたアポロ11号の打ち上げから帰還までを描いた絵本。宇宙飛行士たちの旅をリアルに追体験できるとともに、詩的な文章で宇宙空間のはるかな広がりが感じられます。

「スペースシャトルのなかの様子も細かく描いてあって、自分も宇宙旅行をしているような気分になりました」（小6男子）

66 大自然の贈りもの　雲の大研究 気象の不思議がよくわかる！

●岩槻秀明著　●柿沼史子イラスト
● PHP研究所

季節や時間によってさまざまに変わる雲の姿を紹介する「雲の事典」。雲の正体やでき方、動く速さ、重さなど、さまざまなトピックが平易な文章と写真、イラストで説明されています。

「雲を撮影するときの注意点や、観察の方法なども書いてあって、夏休みの自由研究に役立ちました」（小5男子）

68 かしこい単細胞《たんさいぼう》　粘菌《ねんきん》

●中垣俊之文　●斉藤俊行絵
●福音館書店

67 みんなそれぞれ　心《こころ》の時間《じかん》

●一川誠文　●吉野晃希男絵
●福音館書店

70 知ろう！ 再生可能エネルギー

●馬上丈司著
●倉阪秀史監修
●少年写真新聞社

69 ひとしずくの水

●ウォルター・ウィック作
●林田康一訳
●あすなろ書房

71 素数《そすう》ゼミの謎《なぞ》

♥♥♥

●吉村仁著　●石森愛彦絵
●文藝春秋

13年、17年など、なぜか素数の年数だけ地中にいて、一度に大量発生する習性を持つ「素数ゼミ」。その謎を解明した科学者による本。ラストに向かって謎が解き明かされていくプロセスは、まるでミステリー小説を読んでいるかのような感覚です。

「なぜ素数なのかという謎がわかった瞬間、びっくりして思わず叫んでしまいました。夏の読書感想文でもこの本を使いました！」（小5男子）

72 砂鉄《さてつ》とじしゃくのなぞ

♥♥♥

●板倉聖宣著
●仮説社

砂のなかに混じっている砂鉄の正体はなんなのか？著者が小さい頃に抱いた疑問に始まり、岩石に含まれる磁鉄鉱、ウェゲナーの大陸移動説まで、あらゆる話題が平易な文体でつづられています。身近なものから「科学する」楽しさが味わえる一冊。同じ「オリジナル入門シリーズ」の『ジャガイモの花と実』などもあわせておすすめです。

「砂鉄がどういうものなのか、意外と自分は知らなかったということに気づきました」（小5男子）

73 ライト兄弟はなぜ飛べたのか —紙飛行機で知る成功のひみつ—

●土佐幸子著
●さ・え・ら書房

1903年に初めて空を飛んだライト兄弟は、どのようにして飛行機を作ることができたのか？　さまざまな形の紙飛行機を飛ばす実験を紹介しながら、空を飛ぶ原理がわかりやすく記されています。ライト兄弟の成功の過程を追体験でき、実際に本を参考にして実験してみたくなるはずです。夏休みの自由研究などのヒントになります。

「説明文のページのあとに必ず紙飛行機で解説してあり、とてもわかりやすかったです」（小５男子）

74 モマの火星探検記

●毛利衛著
●講談社

宇宙飛行士として二度宇宙へ行った著者による、異色のサイエンス・ファンタジー。2033年の近未来に、火星に到着した宇宙飛行士が体験する数々の出来事を描きながら、新しい宇宙観、地球観、そして生命観が語られます。読み終わったあとは、壮大な時空のイメージに気の遠くなるような思いを感じられることと思います。

75 わたしたちはどこから来てどこへ行くのか？ 科学が語る人間の意味

●佐倉統著　●木野鳥乎絵
●中央公論新社

「人はなぜ生きるのか」「死んだらどうなるのか」「なぜ人は争うのか」といった哲学的な問いを、科学の視点から考える試みの本。人間は自分の遺伝子だけでなく、さまざまな文化情報である「ミーム」を残すためにも生きているなど、興味深いトピックが語られます。自分にも関わる根源的な問いを考える、たしかな視点が得られます。
※品切れ中、重版未定

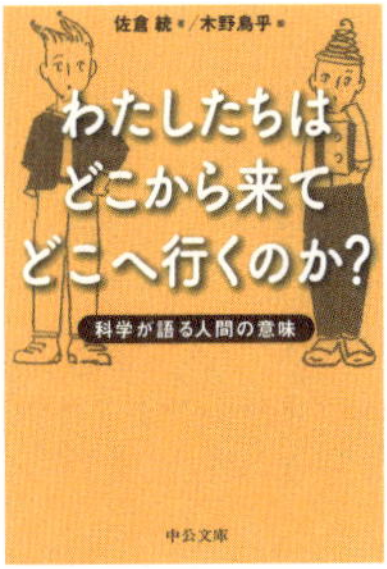

77 地球環境のしくみ

●島村英紀著　●奈和浩子挿絵
●さ・え・ら書房

76 アルバートおじさんの時間と空間の旅

●ラッセル・スタナード作　●平野恵理子絵
●岡田好恵訳
●くもん出版

79 地球が回っているって、ほんとう？ —小学生のやさしい天文学

●布施哲治著
●くもん出版

78 世界のたね 真理を探求する科学の物語（上・下）

●アイリック・ニュート著
●猪苗代英徳訳
●角川学芸出版

はじめに

「まだこんな本読んでるの？　これだと絵ばっかりだから、もっと字が多いのにしたら」

「あなたはもう小学生になったんだから、絵本は卒業ね」

「途中でやめるの？　一度読み始めたんだから、最後まで読みなさい」

「読み終わったの？　じゃあ、どんな話で、どう思ったのかを説明してみて」

「またそれ読んでるの？　前にも読んだじゃない。いい加減、ほかのを読んだら」

「本を読んでおけばためになるんだから、何でもいいからたくさん読んでおきなさい」


わが子に心豊かな人間に育ってほしい、そのために少しでも本好きになってほしい、と思うのは自然な親心です。

しかし、その気持ちが強いあまりにうっかり言ってしまう言葉の数々——。

実はこれらのなにげないひと言が、子どもをかえって本嫌いにさせてしまう原因のひとつになってしまうのです。

なぜそうなのかということは本書のなかで詳しく述べていきますが、今の時点で端的に記すと、本というものをあまりにも短絡的に、何らかの学習の手段＝「教具《きょうぐ》」として考えすぎてしまっているからだということです。

豊かな読書体験をとおして得られるものは、決して学校の勉強や受験対策に役立つ知的能力だけにとどまりません。もっと幅広くて奥深い、子どもがひとりの人間として現実を力強く生きていく糧《かて》となる、ありとあらゆる体験が得られるのです。

そんな読書を、非常に限定された学習の手段にしてしまうなんて、あまりにもったいない。

私はこれまで教育の現場で、子どもたちへの読書指導を授業の中心的な柱として位置づけ、本を通じてたくさんの子どもたちの成長を見続けてきました。

それをとおして、はっきりと確信を持って言えることが2つあります。

ひとつは、ひとたび子どもがさまざまな物語世界を味わう喜びを知ることができたら、学力だけでなく、その子の成長があらゆる面で非常に豊かになるということ。

そしてもうひとつが、生まれつき本が嫌いな子どもなどひとりもいない――ただ、本が嫌いになってしまうような環境や、まわりの大人からの働きかけがあったにすぎない――

ということです。

子どもたちよ
子ども時代を　しっかりと　たのしんでください。
おとなになってから　老人になってから　あなたを支えてくれるのは
子ども時代の「あなた」です。

（2001年に杉並区立中央図書館で開催された「石井桃子展」自筆色紙より）

この言葉は、長きにわたって日本の児童文学界をリードした石井桃子さんの言葉です。
そう、本をとおしてさまざまな物語世界への旅を楽しみ、たっぷりと幸福な時間を味わった子どもたちは、大人になってもあらゆる豊かさを感じて、自分の人生を力強く生きていくことができるのです。

では、子どもが本を心から楽しいと思えるようになるには、どんな環境や言葉がけが必要なのか？

本を選ぶときや、読み聞かせをするときに気をつけることは何なのか？

本を読むことで身につくことには、どのようなものがあるのか？

そもそも、本はなぜ読まなければいけないのか？

この本は、そんな数々の疑問に対して、実際の読書指導の現場から見出されてきた実感や知見をもとにお答えする本です。


第1～3章はこの本のメインとなるパートで、読書に関するさまざまな疑問にお答えします。「読書全般について」「読み聞かせについて」「本の選び方について」3つのテーマに分けました。はじめから順番に読んでも、興味のあるところから読んでも大丈夫です。

第4章では、豊かな読書体験を積み重ねることで、どのような力が身につくのかを9つの観点から述べていきます。

その次には、「子どもを本好きにする10の秘訣」を載せています。第1章から述べてきた説明を、10個に分けて手短にまとめます。

さらに、これまでの子どもたちへの読書指導をとおして、私が「自信を持っておススメできる」と判断した本を、ブックリストとして合計291冊紹介します。

ここには、実際に読んだ子どもたちの反応が本当によく、確実に力を与えてくれた本を8つのテーマに分けて載せています。特におススメの本には内容の簡単な紹介と「おススメのポイント」を記しています。なかにはその本を実際に読んだ子どもたちや、お父さん、お母さんたちによるコメントもあります。

言ってみればこのブックリストは、私が選んだと同時に、教室の子どもたちや、かつて子どもだったたくさんの人たちに愛され、読みつがれてきた本のリストであるとも言えます。

紹介したかった本はこの何倍もありますが、今までにありそうでなかったブックリストができたと自負しています。ぜひ本選びの一助にしていただければ幸いです。

そして、お母さんたちも、本書で紹介した子どもの本を、ぜひ「騙《だま》されたと思って」読んでみてください。

この世界や人生の大切なことを、子どもの透徹した視点で描いたこれら数々の本は、実は大人にとっても非常に実りあるもの。何冊か読み終えたときには、必ずやこう思えるはずです。

「子どもの本っておもしろい！　こんなにおもしろいもの、子どもだけに読ませておくのはもったいない。自分も読んで楽しまなくっちゃ！」

子どもに本を読ませようと意気《いき》ごむ前に、まずはお母さん自身が思いきり楽しんでください。

何よりもその姿が、子どもが本を「一生の友」とするきっかけになるのですから。

2016年10月　平沼純

第1章　わが子を本好きにするススメ

第4章 豊かな読書体験がさまざまな力を育む

装丁／西垂水敦（krran）
カバーイラスト／中村まふね
本文デザイン・DTP／加納もえ
編集協力／日比忠岐（株式会社エディ・ワン）

第1章

わが子を本好きにするススメ

1 本を読むと、成績はよくなるの？

これまで私がみてきた教え子のなかで、いわゆる「学力が高いな」と感じる子の多くは、本を読むことが苦になっていませんでした。

なかには、3、4年生の段階でエンデやケストナー、ヴェルヌなど名だたる古典を読み漁《あさ》り、有名私立中学受験を難なく突破したような強者もいます。以前みていたある読書好きの男の子は、神奈川県の有名私立中学の国語の入試問題を、5年生3学期のときに120点満点中110点も取ることができました。

さらに、読書と一般的な学校での学力、成績との関連性を扱った研究も多くあります。欧米でベストセラーになった『読書はパワー』には、教師が文法事項や語彙、綴《つづ》りを指導する「直接的な言語指導」では明確な効果が見られないのに対し、読書をさせるだけで子どもたちが楽しみながら、さまざまな学力を多面的に伸ばすことができることを裏づける研究が多く紹介されています。日本でも、普段から本に多く触れて、読書を好んでいる子どもほど学力が高いという、大まかな傾向が導きだされた研究は多くあります。

そんなものを目にすると、「やっぱり本を読ませれば成績は上がるんじゃないの？」とも思えてきます。果たして、どうなのでしょうか？

絵本で育まれた高い言語能力

ここで、1971年ニュージーランドに生まれた、クシュラというひとりの女の子の事例を紹介します。

クシュラは、染色体の異常によって重い障がいを持って生まれてきました。生まれつき指が両手とも1本多く、心臓には小さな穴があり、自分の力だけでは立つこともできず、日々感染症に悩まされていました。生まれながらにしてここまで重いハンディキャップを背負ったクシュラでしたが、彼女の両親は愛情を持って彼女を育てつづけました。

そして4か月目のときに初めて絵本を見せ、時間の許すかぎり読み聞かせを続けました。以来、絵本はクシュラの成長にとって大きな意味を持つようになります。実際に自分の体で体験できることは非常に限られていたクシュラでしたが、絵本をとおして無限に広がる世界を体験していたと言えます。

全神経を集中させて本の世界に入りこみ、ときには手を叩いて喜ぶクシュラはめきめきと言語能力を伸ばしていき、17か月のときに受けた発達検査では、心理学者が「ほかの低い得点と矛盾する」とコメントするほどの高い結果を出しました。

クシュラは3歳までの間に140冊を読破。さらに、3歳8か月のときの知能検査では、標準以上の成績を出しました。

生後すぐには重度の精神遅滞と診断されていた子どもが、絵本によって標準レベルをしのぐほどの言葉の力を得たという、ひとつのケースです。

読書はそれ自体が「目的」

ここで大切なのは、クシュラの両親は、自分たちの子どもの知的能力を高めるために本を読ませるということは、一切しなかったということです。

治療や学習のためではなく、あくまでも大切な子どもに豊かな時間を与え、ともに幸福感を味わおうとしただけです。そして、その結果として多くのことを得たのです。

ここから導きだされるものはただひとつ。すなわち、**子どもはあくまで「楽しさ」を根底に据えてこそ、結果的に学びとなるものが多くなる**ということなのです。

先に挙げたさまざまな研究でも、「学力」という言葉は学校での成績など、非常に限定された意味でしか扱われていません。

そもそも読書で身につくものは、第4章でも述べるようにもっと幅広くて奥深いもののはずですし、また結果として成績と結びつくような力も、「成績を上げるため」の手段としての読書では得られないのです。楽しさが非常に重要な時期である子どもは、「ためになる本を無理強いされていること」を直感的に見抜きます。

さらに、幼児期に本を使っていくら言葉の学習をさせたとしても、小学校生活が始まって9か月ほど経つと、そのような個人差や性差はほぼなくなってくるという研究結果もあります。本を教具として使って焦って学習させようとしても、実際のところは期待どおりの効果は得られないのです。**読書は何かの「手段」ではなく、それ自体が「目的」**。ぜひ本の世界をとおして、子どもと一緒になってひたすら楽しむことに徹してみてください。

『読書はパワー』スティーブン・クラッシェン著／長倉美恵子・黒澤浩・塚原博訳／金の星社
『クシュラの奇跡―140冊の絵本との日々』ドロシー・バトラー著／百々佑利子訳／のら書房
『ことばと学び―響きあい、通いあう中で』内田伸子著／金子書房

column

世界標準の「読解力」とは？

先述のように、日本では読書と学力に関する多くの研究で、読書が好きな子どもほど学力が高いという大まかな結果が見られます。

しかし、読書量が多すぎると、逆に読解力や国語の成績は下がりがちになるという結果も出ているのです（「読解力」を育てる総合教育力の向上にむけて――学力向上のための基本調査２００６）。

それに比べて、ＯＥＣＤ（経済協力開発機構）の行うＰＩＳＡ調査で好成績を出したことで話題となったフィンランドでは、読書量と読解力はほぼ比例の関係にあります。

すなわち、読書をしている子であればあるほど、それに比例して読解力の成績も高くなっているということ。

これは、フィンランドでは日々の読書体験によって培われる探究心や論理力、情報を正しく受け取って評価し、発信する力をそのまま生かせるような授業が、当たり前のように学校で行われていることの表れです。

そもそも、ＰＩＳＡ調査でも扱われていたのは、そのような論理力や発信力重視の問題ばかり。従来の日本の教育とはかなり質の異なる、「情報を主体的に検討し、自分の考えをわかりやすく表現する」ことが、世界標準の「読解力」なのです。

今後日本でも大学入試制度が大きく変わり、一人ひとりの問題意識や発信力が重視される「人物評価」が主流になってくるということもあり、海外の教育から学ぶべきものは多くあると言えます。

2 「おやつの本」よりも「ご飯の本」を読ませる

何事も、「良いこと」と「悪いこと」の明確な線引きは難しいものです。

それは本についても同じで、「どれが良い本で、どれが悪い本なのか」という問いにきっぱりと答えるのは、非常に困難ではあります。

そもそも論として、世の中に絶対的な「良書」と「悪書」というものはありません。専門家が「良書」としてすすめる本を読んでも、なにも得るものがなかったというケースは多々あります。逆に、世間では「悪書」とされている本を読んで自分なりに考えたことが、のちの人生に大きな影響を及ぼすことも十分あり得ます。

その本を読むときの読み手の興味関心や発達度合い、タイミングなど、読書には実にさまざまな要因が絡まるのです。

とはいえ、本なら「なんでもいい」というわけにはいかないのもまた事実。

日々のびのびと成長していくことを仕事とする子どもたちが、可能なかぎり実りある読書生活を送るには、どんな本がふさわしいのでしょうか？　何か、指針になるようなものはないのでしょうか？

子どもに媚びている「おやつの本」

ひとつたしかに言えることを、たとえを使って表現してみます。——**子どもには、「おやつの本」よりも「ご飯の本」をたくさん読ませるのがベストです。**

これは、子どもの本の専門家である藤井勇市さんが著書のなかで使っていた表現でもあります。また、日本を代表する国語教育者だった大村はまさんも、たとえ話のなかで使っていた表現です。

子どもが自分から手に取りやすいのは、ともすれば「おやつの本」に偏《かたよ》ってしまうと言えます。

見た感じはなんとも人目を引くような作りでおもしろそう、中身はたしかにさまざまな事件や出来事が起きて勢いよく読める……しかし、一生ものの栄養になるようなものは得られないような類の本です。

なかには、「どうせ子どもだから」と手を抜いた言葉選びやイラストのもの、登場するキャラクターの魅力や宣伝効果だけで、結果的に子どもに人気になっているものもあります。

明らかに子どもに「媚《こ》びている」かのような受け狙いに走ったものも多くあり、実は巷《ちまた》に溢れている「子ども向け」のかなりは、このような「おやつの本」であるとも言えます。子どもが楽しさを感じられることは大切なポイントです。しかし、子どもの「ウケる」という感情を当てにしすぎるのも避けるべきです。

「ご飯の本」は、それらとは対極にあります。

子どものためにとことん考え抜かれた作りになっていて、物語世界にどっぷりと浸ることができ、一生の栄養になるような骨太な力を得られる本です。

「ベストセラー」よりも「ロングセラー」を

概して、売れている「ベストセラー」ではなく、ときを越えて読み継がれてきた「ロングセラー」に良書が多いというのはたしかです。時代を越えても途切れることなく読みつがれてきたということは、それだけ物語として純粋に「おもしろい」という証拠です。

「ご飯の本」と「おやつの本」は、そのまま「ロングセラー」と「ベストセラー」に言い

換えられるといっても過言ではないでしょう。

今読んでいるのが「ロングセラー」かどうかを見分けるのは、実に簡単です。本の奥付にある、発行年と印刷された回数を見ればいいのです。

たとえば、長いこと子どもたちの心をとらえてきたバージニア・リー・バートンの『いたずらきかんしゃちゅうちゅう』は、初版が1961年。東京オリンピックが開催されるずっと前から、延々と読みつがれてきているのです。

ビアトリクス・ポターの『ピーターラビットのおはなし』にいたっては、石井桃子訳が日本で出たのは1971年ですが、イギリスでの初版は何と1902年！　100年以上のときを経ても、古さを感じさせない普遍的な力があります。

ときには「おやつの本」があってもいいと思います。しかし、大切なのはバランス。

時代を越えて読みつがれてきた、歯ごたえのある「ご飯の本」の楽しさを、たくさんの子どもたちに知ってもらいたいと強く思います。

『いたずらきかんしゃちゅうちゅう』バージニア・リー・バートン文・絵／むらおかはなこ訳／福音館書店
『ピーターラビットのおはなし』ビアトリクス・ポター作・絵／いしいももこ訳／福音館書店

column

作るのに長い年月がかかった子どもの本

日本昔話の「つるのおんがえし」を絵本化した、国際アンデルセン賞画家・赤羽末吉さんによる『つるにょうぼう』は、依頼から出版までに、実に7年もの歳月が費やされています。

赤羽さんは依頼を受けてから、東北地方の山々や東京の歴史博物館などを回り、絵として描くための東北地方の風景や機織《はたお》り機《き》、中世時代の人の服装などを徹底して取材したそうです。

絵本のなかに描く風景や時代設定、物などがでたらめなものにならないようにする、赤羽さんのこだわりです。

「いいか、相手は子どもなんだぞ」というのは赤羽さんの口癖だったとのことで、「子どもにこそ最高のものを」という強い意志の力が窺《うかが》えます。

また、ニューヨーク・タイムズで「20世紀で最も美しい本の一冊」と評された、アイリーン・ハースの『サマータイムソング』は、前作から10年もの歳月を経て完成された本です。

読んでみるとわかりますが、まさに細部に至るまで考え抜かれたとはこういうことだと思える、非常に精緻で美しい本です。

（参考：『現在、子どもたちが求めているもの』斎藤惇夫著／キッズメイト）

『つるにょうぼう』
矢川澄子再話／赤羽末吉画／福音館書店

▲『つるにょうぼう』ゆかりの地である山形県南陽市にある「夕鶴の里」館内。

3 考え抜かれた本こそが「良い本」

「良い本」というものについて、もう少し具体的に考えてみます。

先ほど、子どもにはまず「ロングセラー」＝「ご飯の本」をたくさん読んでもらいたいと述べました。

これと同じことが、近代絵本の礎《いしずえ》を築いた人物として知られている、イギリスのランドルフ・コールデコットの解説書にも述べられています。１８６５年に出版された業界誌に掲載された、とある編集者の言葉からの引用です（The Bookseller of Dec. 12, 1865, p846）。


子どもたちのために本をつくるときにこそ、なににもまして、洗練された美意識と最高の技術と入念な心配りが必要とされる。残念ながら、このことはこれまでなおざりにされてきた。まるで、子どもにはつまらないガラクタもので充分だとでもいうように。なんという愚かな、ひどい考え違いだ！　感受性の鋭い子どもたちの目や耳には、一番美しいもの、一番混じりけのないほんもの、一番良きものを供するべきである。
（『コールデコットの絵本　解説書―現代絵本の扉をひらく―』ブライアン・オルダーソン監修・解説／福音館書店収録）

では、そのような「良き本」には、具体的にどんな共通点があるのでしょうか？
私は、次の3点にまとめることができると考えています。

①普遍的で力強いテーマを持っている
②子どもを引きつける強いストーリー性や世界観を持っている
③言葉と絵が考え抜かれている

私がよく読み聞かせで使う本のなかに、イギリス各地の昔話を集めた『イギリスとアイルランドの昔話』があります。長年にわたってたくさんの子どもたちを引きつけてきた、間違いなく「ロングセラー」といえる本です。長いときを経て洗練されたシンプルな言葉運び、石井桃子さんによるテンポのよい訳文も魅力です。

これがあの「三びきの子ブタ」!?

そのなかに、あの『三びきの子ブタ』も収められています。これを読み聞かせてみると、自分たちが知っていた『三びきの子ブタ』とのイメージの違いに、「えっ!?」と驚く子も多くいます。

原話では、三びきの子ブタたちには母親がいて、家に食べ物がなくなったため、「自分で働いて食べていきなさい」と三びきを世の中へ出してやるという設定になっています。

そして、長男ブタは町で会った男の人にワラをもらってワラの家を、次男ブタはハリエニシダの木の家を作ります。

簡易版の絵本やアニメのほとんどでは母ブタの存在がカットされていて、子ブタたちはなんの脈絡もなく家を建て始めます。

しかし、「食べ物がなくなって世の中に出される」という設定があることで、家を建てるという行動に必然性が生まれるのです。

ちなみに、この本の挿絵で描かれている母ブタと三びきの子ブタは、余分な描写が一切排除された、かなりリアルなブタの姿です。それが逆に、このストーリーにうまく寄り添って、物語世界をイメージする手助けをしてくれます（同じく福音館書店から出ている絵本版の、レズリー・ブルックによるイラストも非常にすばらしいです。『金のがちょうのほん』収録）。

さらに、原話では長男ブタと次男ブタがオオカミに食われてしまい、三男ブタがあの手この手でオオカミを出しぬきます。そして、最後にはオオカミをナベで煮て、晩御飯にして食べてしまいます。

まさに、「生きるか死ぬか」というスリルとすごみが感じられるストーリーです。この話を聞いた子どもたちは、たたみかけるように展開していく魅力的なストーリーに引きこまれながら、心の奥底では「自分の知恵を使って困難を切りぬけて、厳しい世の中を生きていかなければならない」という力強いメッセージを、漠然とでも感じ取ることができます。

不必要にデフォルメ化されたブタやオオカミたちのドタバタ喜劇と化してしまったものからは、このような心の引っかかりは生まれません。

このように、**子どもが思わず引きこまれるようなストーリーのなかに普遍的で力強いテーマが織りこまれ、そのテーマを考え抜かれた言葉とイラストで表現した本こそが、感受性豊かな子ども時代にぜひとも読んでもらいたい本です。**

私たちはもう、子どもだましはやめましょう。刺激だけでごまかすことをやめましょう。着色菓子のようなもの、ピラピラしたもの、けばけばしいもの、おどかすだけのもの、支離滅裂なもの、だらしのないものを、本とよぶことをやめましょう。それらを出版して、一度だけであきられて捨てられるような商利主義とおろかな無駄づかいを断ち切りましょう。その反対に、子どもたちを静かなところにさそいこんで、ゆっくりと深々と、楽しくおもしろく美しく、いくどでも聞きたくなるようなすばらしい語り手を、私たちは絵本とよびましょう。よい本というものは、どれもみなすばらしい語り手たちです。

(『絵本論―瀬田貞二子どもの本評論集―』瀬田貞二著/福音館書店)

『イギリスとアイルランドの昔話』石井桃子編・訳/J・D・バトン画/福音館書店
『金のがちょうのほん』レズリー・ブルック文・画/瀬田貞二・松瀬七織訳/福音館書店

4 図書館から借りて済ませてもいいの？

子どもの本の値段は、決してバカにできない金額ではあると思います。

いくら良い本とはいえ、子どもが「買って！」と言ってきた本をすべて買ってしまうと、相当な金額になってしまいます。親としては、「そこまではとても無理！」というのが正直なところでしょう。

おすすめのやり方は、たとえば10冊ほどの本を図書館で借りてきて、そのなかで子どもが「くり返し読みたい」という反応を示した本を買うことです。

これはまたのちほど述べますが、子どもが「何度も読める」というのは、本選びの大切なポイントのひとつ。何度読んでも飽きないということは、それだけその本に子どもを引きつける力があり、読むたびに新たな発見がある本だということです。

逆に言うと、どうせ買うのであれば、子どもが何歳になってもさまざまな読み方ができる奥深さを持った、「一生もの」になり得る本を買うべきなのです。

その「一生もの」の本を見つけるためにも、モンゴメリの『赤毛のアン』の言葉を借りれば、ぜひ「腹心の友」である図書館員さんをひとり以上作るのがおススメです。図書館員さんは本のプロフェッショナル。ロングセラーだけでなく、新しく出た本のなかでも今後ロングセラーになり得る本などを知り尽くしています。子どもの今の関心ごとや年齢、性格などを参考にいろいろとおススメの本を紹介して、「一生もの」となるような本を探す手助けをしてくれるはずです。

そうして、本当に子どもが気に入った本を書店で購入し、家の書棚に追加していきます。

「積読」だっていい

また、買った本をすぐに読まなくても大丈夫です。

今家にあるのが、「もう読んだ本」と「今読んでいる本」しかないというのも、何とも寂しいもの。

ときどき「子どもに本を買ってあげたのに、まったく読んでいないんですけど……」というご相談もありますが、考えてみれば大人であっても、気になる本をとりあえず買って本棚に置いておき、あとで気が向いたら読むという「積読《つんどく》」は当たり前のようにやっていること。子どもがそれをやってはいけないという理由はありません。

「まだまだこれから読もうとしている本がたくさんある」という環境は、子どもたちに世界の広がりを感じさせることにもつながります。

再び『赤毛のアン』からの言葉を引用すると、「これから発見することがたくさんあるって、すてきだと思わない？」なのです。


『赤毛のアン』ルーシー・モード・モンゴメリ著／村岡花子訳／新潮社

5 読書感想文は必要なし

「どうだった？」「おもしろかった？」「この話の作者はなにを伝えたかったと思う？」「主題はなんだと思う？」……などなど。

私も以前は、子どもたちが一冊の本を読み終わったあと、よくこんな言葉をかけていました。一種の職業病のようなものかもしれません。

しかし、「どうだった？」と聞いたところで、子どもたちからの返答は決まって、「……うん、おもしろかった」くらいなのです。そのうち、安直な方向にまとまってしまうような、不毛な言葉のやり取りはやめようと思うようになりました。

考えてみれば、心のなかの非常に深いところで感動した物語であっても、それを「おもしろかった」という言葉だけでは言い表せないということは、子どもたちもこちらも本当はわかっていることなのです。

概して、心を動かされる感受性と、それを言語化して伝えるということは、別物として考えたほうがいいのです。

よって、**本を読み終わったあとに、特に子どもに何も聞く必要はありませんし、ましてや読書感想文なども、まったくやらせる必要はありません。**

学校でも決まって読書と感想文がセットになっていますが、なかには「読書感想文があるために本嫌いになってしまった」という子もいて、本末転倒だと言わざるを得ません。

実は世界的に見ても、「読書感想文」が学校で課されるのは、日本だけなのです。

よく考えてみれば、読書感想文は「誰に向けて書くのか」という読み手の想定も曖昧で、「何をどう書けばいいのか」という指針も、具体的かつ明確に出されているわけではありません。

にもかかわらず、「思ったことを自由に書きなさい」と指示するだけでは、子どもたちが途方に暮れてしまうのも当然と言えます。

欧米の学校でよく課される「ブックレポート」であれば、読み手や目的がはっきりしていてまだ教育的意義もあります。

しかし、なにを書いたらよいか、どう書けばよいかすらはっきりしていない、またどこか「先生の喜びそうなこと」を書けば及第点がもらえるような感想文は、まったく意味がないと言わざるを得ません。

優れた本こそ奥深くて要約できない

むしろ、物語の内容や読みとったことを安直な言葉でまとめすぎてはいけないとも言えます。

たとえば、高学年以上の子に私がよくすすめている、ミヒャエル・エンデの『モモ』という物語がありますが、これはしばしば「時間の大切さを伝える本」として紹介されています。

しかし、読んでみればこの本がそんな安直な言葉で要約できるようなものではないことは、すぐにわかります。

もっと幅広くて奥深い、人がこの世の中で生きていくにあたってのありとあらゆるテーマが内包されています（実際作者のエンデ自身、この本は「現代の世界経済の様相も意識して書いた」と語っています。この本を使って貨幣理論の勉強会を開く社会人グループもあるようです）。

優れた本ほど、あらゆる深遠なテーマを持っているもの。

そしてそれは、すぐに言葉にできなくとも、一生を通じて考えつづければいいものなのです。

強い味方！「ブックトーク」の下書きシート

それでも、学校の宿題として出されて、どうしても感想文を書く必要に迫られたという場合もあるかと思います。

そんなときは、今、私が講師を務めるスクールFCで行っている「**ブックトーク**」の下書きシートをもとにして感想文を作成することをおススメします！

自分の一押しの本を、まだそれを知らない人に向けて紹介するというシート。主な紹介ポイントが明快に整理されていて、感想文作成の足場掛けとしてうってつけです。

どうせ読書感想文をやるのであれば、このような形式で論理的に物事を考え、筋道立てて書き言葉で表現するトレーニングとして行うべきではないかと思うのですが、いかがでしょうか？

『モモ』ミヒャエル・エンデ作／大島かおり訳／岩波書店

column

「ブックトーク」コンテストと読書感想文

私の勧めるスクールＦＣでは、一人ひとりが自分のおススメの本を紹介する「ブックトーク」というコンテストを年間で何度か行っています。

ひとりに与えられた時間は3分間。その時間内に、自分がおすすめする本の概要、おススメのポイントとその理由などを整理して述べる必要があります。

多くの子どもたちにとって、本格的に人前に立ち、自分の考えを筋道立てて発表するのは初めての経験です。

それでも、十分な準備と適切な足場掛けをすることで、かなり高いレベルの発表をすることができます。実際、優勝する子どもの発表は大人顔負けです！

その下書きで使われているシートを、54、55ページに載せておきます。

このシートは、読書感想文を書く際にも非常に役に立ちます。

まずは、自分が紹介する本のあらすじをざっと説明します。最近では感想文に「あらすじを書いてはいけない」と指導している学校もあるかと思いますが、聞き手や読み手が最低限知っておかなければいけない内容は、やはり記す必要があります。

次に、その本をすすめる理由や魅力、特におもしろい場面を順に記していきます。このように、根拠と具体例を明快に述べることで、筋道のとおった論理的な説明になります（これは、177ページでも紹介する「三角ロジック」を利用しています）。

最後に、作品の背景や作者の伝えたかったこと、疑問に感じたところ、「もし本の内容が現実になったら?」などといったプラスアルファの情報を組みこめば、より内容が充実します。

実は、欧米でよく行われている「ブック・レポート」も、ほぼこのようなスタイルの作文指導です。

シート」 ～ぼくの・わたしのこの一冊！～

★左で書いたことをもとにして、「3分間」の発表《はっぴょう》になるように下書き、メモを書いてみよう！

ワンポイントアドバイス

基本的《きほんてき》には、左で書いたことをそのままの順番で説明すればわかりやすい発表になります。ただ、下に挙《あ》げるようなこともところどころで言うようにすると、中身《なかみ》のある魅力的《みりょくてき》な発表になります。余裕《よゆう》があればぜひ考えてみてください！

・作者の出身地《しゅっしんち》、経歴《けいれき》、他に書いた本など
・おすすめする本が書かれたきっかけ
・作者はこの本をとおして何を伝えたかったか
・本を読んでいて疑問《ぎもん》を感じたところ
・本の中で、自分が賛成《さんせい》するところや反対するところ
・本の内容と関連《かんれん》する出来事、自分の経験《けいけん》
・もし自分がこの本の登場人物だったら
・もし本の出来事が現実《げんじつ》に起きたら
・この本の続きがあるとしたらどうなるか

「スクールFC・ブックトーク

■あなたのおすすめする一冊は何ですか？

題名《だいめい》　【　　　　　　　　　　】

作者名《さくしゃめい》【　　　　　　　　　　】

■その本のあらすじを簡単《かんたん》に説明《せつめい》してください。

■その本をおすすめする理由、魅力《みりょく》は何ですか？
簡単《かんたん》に説明《せつめい》してください。

■その本の中で特《とく》におもしろい場面を説明《せつめい》してください。

6 本好きな子は孤独なの？

子どもに読書指導をしていると、一冊の本を友だち同士で貸し借りして、「ねえ、どうだった？」と語り合う子どもたちの姿をよく見かけます。

反対に、自分のお気に入りの一冊を見つけて、誰にも邪魔されない静かな場所に行って黙々と読みふける姿も、同じくらい目にします。

6年生のある男の子は保育園に通っていたとき、どちらかというと後者のほうが多かったと言います。

「うちの保育園、とにかく本がいっぱい置いてあって、外遊びよりも本を読むのがさかんだったくらいなんですよ。——で、自分は教室のすみのほうに行って、ひとりでずーっと読んでました。先生が読み聞かせをするときは、もちろんみんなと一緒に聞きますけど」

「なるほどね。特に寂しいとは感じなかった？」

私がたずねると、彼はこう言いました。

「いや、別に寂しいとは感じなかったです。時間が経つのも忘れて読んでて、時々その本の風景を絵に描いたりもして……。ずーっとやってても、飽きなかったです」

この話を聞いて、エリーズ・ボールディングの著書『子どもが孤独《ひとり》でいる時間《とき》』を思い出しました。この本には、心の自由や独創性、アイデンティティーの認識など、子どもがひとりだけの時間を持つことの積極的な意義が記されています。

日々さまざまな刺激に囲まれ、まわりの人と付きあい、時間に追われがちなのは子どもも大人も一緒。そんななかでも、外からの情報をシャットアウトしてひとりで本に向かう時間を少しでも持てれば、驚くほど劇的な内的変化も起こり得ます。

そう、**孤独とは決してネガティブなものばかりではなく、人の内面の成長を促すものでもあるのです。**

先の男の子は、一見すると孤独と思われる状態で一冊の本に没入し、そこで「自分を見つめる」という内的な体験をしていたのです。

物語を読んで作り上げた想像の世界へひとりだけで入っていき、登場人物たちとともにさまざまな体験をして自分を見つめ、またもとの世界へ戻ってくるという、一種の「旅」のような体験。その醍醐味を一度味わえば、その子の人生は悲観的な「孤独」とは無縁のものになります。

「ひとり読書」と「仲間読書」とのバランス

もっとも、同じ本を友人同士や家族間で読みあうことで、自分ひとりでは気づけなかったポイントに気づき、自分の考え方を見直すことができるというのも事実。

186ページで紹介する「ブッククラブ」や、52ページで紹介した「ブックトーク」は、その意味でも非常におススメできます。「そうか、こんな読み方もあったのか」「自分と同年代の子たちは、こんな本を読んでいるのか」という刺激を与えあうことができ、物事を見る視点がより多角的になっていきます。

他者とのつながりを持ちながら読書をすることと、ひとりの時間を大切にして読書をすること。そのバランスをとりながら、豊かな読書生活を送ってもらいたいと思います。

『子どもが孤独でいる時間』エリーズ・ボールディング著／松岡享子訳／こぐま社

7 読書と実体験の往復が大切

「うちの子、小さい頃から車とか電車が大好きだったんです。それで、『ずかん・じどうしゃ』とか『はたらくじどうしゃ』なんかはもうすり切れるまで読んでて――。道を歩いてて近くを車が通ると、指さして大喜びで叫んでましたね」

今でも車や電車が大好きな、5年生のある男の子のお母さんが語っていたことです。これと似たようなことは、多くのお母さんが経験しているのではないでしょうか。

子どもは、本のなかに描かれているものが現実と結びついたとき、大きな喜びを感じます。そして、読書を通じて、目の前に広がる現実世界を切り取る視点を身につけていくのです。

その意味で、**読書という間接体験と、自分の五感をとおしてさまざまなものを感じ取る直接体験、両方の往復運動が大切ということになります。**

どちらがより大切ということではなく、両方を充実させることで相乗効果が期待できます。よく言われるように、**実体験が読書をよりよくし、読書が実体験をよりよくしていくのです。**

実体験をよりよくする読書

自然の神秘と美しさを見事に表現した、ユリー・シュルヴィッツの『よあけ』というロングセラー絵本があります。

山に囲まれた、夜明け前の静かな湖畔が舞台。徐々に湖にもやが立ち始め、カエルの飛びこむ音や鳥の鳴き声が聞こえてくる。湖畔で眠っていた老人は孫を起こし、ボートで湖へと漕ぎ出す。そして少しずつあたりに光が満ちていき、ついに太陽が姿を現わして湖は一気に輝きを放つ――。

自然が見せる一瞬の美しさ、使い古されていない朝の空気、音、時間の流れまでも感じ取ることができる、まさに五感すべてに訴える力を持った稀有な絵本です。

決して派手な仕掛けや心沸きたつ冒険の要素などがあるわけではありませんが、厳かな雰囲気を演出して読み聞かせると、子どもたちに不思議なインパクトを与えます。

読み終わったあと、ひとりの男の子が「山中湖にキャンプに行ったときも、こんな感じだった」と言ってきました。自分で実際に見たことと、本で味わったことが結びついた瞬間だったのです。

私たちは、まわりに広がっている風景を、普段は「当たり前」だと思って見すごしています。

しかし、本をとおして得られた視点で、そこからさまざまなものを読み取ることができます。

そして、その逆もまた然り。実体験をとおして考えたことが読んでいる本のなかで出てきて、「ああ、あのことだ！」と思える瞬間もあります。

本と実体験を結びつけることが、何より大切なのです。

『よあけ』ユリー・シュルヴィッツ作・画／瀬田貞二訳／福音館書店

8 次につながる読書になっているか

最近では、名作とされている物語を数十ページに要約し、アニメ風の挿絵でいっぱいにしたダイジェスト版のシリーズもよく見るようになりました。実際、私が教えている子どものなかにも、そのような本を読んでいる子は時々います。

「古典的な名作も、手軽に読めるからいいんじゃないの?」「これをきっかけに興味が出て、もとの本も他のいろいろな本も読むようになるのでは?」という意見もあります。

とはいえ、**読書指導で大切なポイントのひとつは、「次につながる読書」になっているかどうかということ。**

すなわち、一冊の本を読んで表面的な楽しさを味わって終わるのではなく、「もっと知りたい!」「もっといろいろな本を読めるようになりたい!」「読み手として成長したい!」という欲求を子どもたちのなかに起こさせることが大切なのです。

言い換えれば、子どもたちの好奇心や、「成長したい」という潜在的な願いに火をつけられる力のある本であること。

私が見てきたかぎり、先に述べたようなダイジェスト版の「名作シリーズ」を読んだ子たちのなかに、その後、原書や、より力のある「ご飯の本」を読むようになった子はほぼいませんでした。

結局は、そのダイジェスト版を読んで「わかったつもり」になってしまい、原書には見向きもせず、何年経っても同レベルの本を気晴らしに読むにとどまってしまっています。

要するに、次につながっていないのです。

そもそも、何かの物語の要約、「筋」だけを聞いて心を動かされるというのは不可能。

そうであれば、あえて古典作品や名作のダイジェストを読ませるのではなく、その年代の子に本当にふさわしい、ひとつの物語世界として完結した別の良書からすすめるのがいいのです。

名作は細部のシーンが魅力的

実のところ、名作とされる古典作品は、細部の描写や登場人物のなにげない会話、ちょっとした情景などが、実に魅力的に描かれているものです。

むしろ、読み終わったあとにそちらの細部のほうが強く印象に残るということは多々あります。

私がモンゴメリの『赤毛のアン』を初めて読んだのは20代の前半でしたが、そのときに最も印象に残ったのは、47ページにも紹介した、主人公アンの「これから発見することがたくさんあるって、すてきだと思わない？」というせりふでした。

この言葉は、今でも事あるごとに私を勇気づけ、前向きな気持ちにさせてくれます。その後この物語のダイジェスト版を複数冊見てみましたが、どれひとつとしてこのせりふを載せていないことを知ってがっかりしたものです。

また、作家の上橋菜穂子さんは、幼い頃に読んだ児童文学の、特に食事のシーンが好きだったとのこと。だから自分の作品でも、食事のシーンは臨場感を持って正確に、読み手の印象に残るように書くそうです。そうすることで、読み手は自分の五感すべてを使って物語世界に浸ることができます。

ダイジェスト版では、そのような魅力的な細部のシーンがすべてそぎ落とされてしまっているということは認識するべきところです。

さらに、ダイジェスト版では登場人物が非常に単純化されてしまっていることも見過ごせないポイントです。

こうした本でよくある巻頭のキャラクター紹介などで、「いつも優しい○○おじさん」「意地悪な○○さん」などという言葉を目にすると、「いや、そんな単純な人ではないんだよな……」と思わず言ってしまいたくなります。

物語を読み進めるうえで「子どもたちに少しでもわかりやすいように」という配慮（？）かとも思うのですが、「人間ってこんなに奥深くておもしろいんだ」ということを子どもたちに気づかせるのも、物語の大切な役割。

子どものそのときの発達段階にふさわしい、かつ物語としての広がりや奥深さの感じられる本をすすめるのがいいですね。

column

アニメ映画化された物語の原作ってどういう話？

アニメ映画化もされた『ピーター・パン』。映画を観た人は多くとも、原作本を読んだという人はあまりいないようです。

福音館書店から出ている『ピーター・パンとウェンディ』（石井桃子訳）は比較的映画や舞台に近い内容ですが、新潮社から出ている本多顕彰訳の『ピーター・パン』は、原型となった話が小説化されたもの。こちらを読んでみると、映画版とのあまりの印象の違いに驚く人も多いです。

この本の原題は『ケンジントン公園のピーター・パン』。その名のとおり、実在の場所であるロンドンのケンジントン公園にいるピーター・パンが、なぜ生まれたのかという経緯が語られています。

ピーター・パンは人間と妖精との間に生まれ、7日目に窓から抜け出して妖精たちの世界で生きることになった存在。言ってみれば、「こちら側」

の人間世界と「向こう側」のアナザー・ワールドとの境界線に生きているのです。

そのため、人間世界の記憶を徐々に失っていったり、永遠に誕生日を迎えることができなくなったりと、さまざまな宿命を背負うことになります。ファンタスティックで美しい雰囲気を持ちながら、どこか悲壮感や切なさも感じさせる物語です。

さらに『ピーター・パンとウェンディ』で描かれているように、ピーターの手下である「ロスト・ボーイ」たちは、生まれた直後に乳母車から落ちて行方不明になり、大人になれなくなった存在。

この設定ははっきりと、彼らが「死者」ではないかということを示唆しているとともに、「子どもはどこから来てどこへ行くのか」という非常に深遠な問いを考えさせます。

同じくアニメ版のほうが世界的に有名になった『クマのプーさん』も、原作小説はかなり趣を異にします。二巻目の『プー横丁にたった家』の最終話は、クリストファー・ロビンが大人になってプーたち百町森の住民たちと別れるシーンで終わります。
まさに、「人が成長するとともに失われゆくもの」を描いたストーリー。その甘美な切なさは、大人になってからこそ味わい深く感じられるという人が多いです。

『ピーター・パンとウェンディ』J・M・バリー作／F・D・ベッドフォード画／石井桃子訳／福音館書店

『プー横丁にたった家』A・A・ミルン作／E・H・シェパード画／石井桃子訳／岩波書店

9 「泣ける話」を押しつけないで

以前、ある教育雑誌のインタビューで小学生にすすめる本を紹介した際、「子どもに命の大切さを教えられる本をお願いします。できれば、感動的な泣けるタイプの話で――」と言われたことがありました。

正直なところ、この言葉にはかなり違和感を覚えました。そして、次のように答えました。

「いや、子どもに命の大切さを教えられるような本なんてないですし、泣ける話で子どもがよくなるなんてこともありません。

だって、生きることと死ぬことって本当に深い問題で、よく考えるとまだわかっていないこととか、言語化できていないことも多いですよね。

大人目線の感動を押しつけるような話で、安直な『答えらしきもの』を子どもたちに教えることなんてできないです。

……そもそも、子どもに何かを教えるために本を使うっていう発想を変えたほうがいいと思いますよ」

たしかに世間には、子どもたちに「命の大切さ」「家族の大切さ」「友情の大切さ」「夢を持つことの大切さ」などを伝えるために書かれたと思われる本も多く出回っています。

そして、そのような類の本が学校の課題図書に選ばれることも頻繁にあります。

そんなとき、決まって帯には「感動」「必ず涙する」「温かい気持ちになれる」といった言葉が並びます。

押しつけられると本嫌いになる

しかし、何か特定の「効果・効用」を得ることを目的とすることは、特に子どもの本には似つかわしくないと感じます。

そもそも本当に良い本とは、安直な言葉でまとめられるものではなく非常に多義的なテーマを持っているもの。

しかし残念なことに、本というものを何かの「教具」として見て、子どもに特定の力や道徳観をつけさせようとする考えが、世間にはかなり広がっています。「泣ける話を読めば子どもがやさしくなる」という発想も、その一端でしょう。

大人の側が、「子どもに大切なことを教えるために本を読ませよう」と意気ごんでしまえば、本を読むことが途端に「道徳的義務」と化してしまいます。

そしてそうなってしまった瞬間、子どもは本からますます遠ざかっていきます（実際、先述のような本を子どもたちはあまり好んで読んでいません。私自身も子どものとき、そのような本はどちらかというと嫌いでした）。

アメリカの女性生物学者レイチェル・カーソンの著書である『センス・オブ・ワンダー』には、子どもに何よりも必要なのは、「神秘さや不思議さに目を見はる感性」であると述べています。そしてこれはそのまま、子どもと読書という文脈でも当てはまります。

「子どもたちの世界は、いつも生き生きとして新鮮で美しく、驚きと感激にみちあふれています。残念なことに、わたしたちの多くは大人になるまえに澄みきった洞察力や、美しいもの、畏敬すべきものへの直感力をにぶらせ、あるときはまったく失ってしまいます。

もしわたしが、すべての子どもの成長を見守る善良な妖精に話しかける力をもっているとしたら、世界中の子どもに、生涯消えることのない「センス・オブ・ワンダー＝神秘さや不思議さに目を見はる感性」を授けてほしいとたのむでしょう。」

子どもたちに必要なのは、「感傷」ではなくて「感受性」。

知ることの前に、まずさまざまなものを「感じ取る」ことが大切であるということ。自分のまわりに広がる世界をよく見て、何かを深く感じ取れれば、自ずとそれについて「知りたい」という欲求が生まれてくるものです。何かの知識を増やす以上に、さまざまなものを心に深く感じ取れる感受性を、子ども時代にこそ養ってもらえればと思います。

大人目線での感動を押しつけたり、あれこれと徳目を教えこもうとしたりするのではなく、この世界の神秘や不思議に目を見張り、心から驚きを感じ、自分で考えつづけていきたいと思わせることが大切なのです。

『センス・オブ・ワンダー』レイチェル・カーソン著／上遠恵子訳／新潮社

10 読むたびに発見がある本を

子どもは、一度気に入った本が見つかれば何度でも読みたがります。

「あの本もう一回読んで！」と頼んできたり、同じ本を何回も図書館から借りてきてすり切れるまで読んでいたりということは、しばしばあります。

そんなとき、「もうそろそろ別の本を読みなさい！」という言葉を、つい言ってしまうのではないでしょうか。

たしかに親としては、子どもには可能なかぎりたくさんの本を読んで、いろいろなことに興味を持ってほしいと願うもの。

とはいえ、子どもが同じ本をくり返し読むことについては、まったく心配する必要はありません。

むしろ、「何度でも読みたいと思える、一生ものの本が見つかった」ことを喜べばいいのです。

子どもが何度も読んでいるということは、その本を最初に読んだときに感じた満足感を、くり返し味わいたがっている証拠です。

物語の世界に我を忘れて没入し、登場人物と一体化してさまざまな体験をし、そしてまた現実の世界に戻ってくるという、一種の快い旅のような体験。それがもたらす、「おもしろかった！」という純粋な充足感が、何よりも子どもの成長の糧になります。

子どもは絵も読んでいる

また、これは特に絵本で言えることですが、実は子どもは絵本の文章だけでなく、「絵も読んでいる」のです。優れた絵本は、言葉だけではなく絵そのものも物語を語っていて、読むたびに新たな発見ができるものです。

『はじめてのおつかい』で有名な林明子さんの絵本は、探すと楽しい「遊び」が多く描かれていることで知られています。

たとえば、あきという女の子がキツネのぬいぐるみ「こん」と旅に出る、『こんとあき』という絵本。

表紙には駅の風景が描かれていますが、向かいのホームになぜかチャップリンやタンタン、『不思議の国のアリス』のアリスなどが立っています。
ほかにも、レイモンド・ブリッグス『さむがりやのサンタ』のサンタクロースや、『ピーターラビット』シリーズに出てくるマグレガーさんなど意外なキャラクターも随所に登場して、子どもたちは楽しみながら探します。

また、以前、子どもたちに非常に人気があるジャック・ガントスの『あくたれラルフ』を読み聞かせていたときのこと。読み終わったあとに、ひとりの女の子が改めて表紙をじっと見て、「そういえば、赤いネコっていないよね」とつぶやきました。

これは、私もはっきりとは考えていなかったポイントでした。

この話は、セイラという女の子に飼われているネコのラルフが主人公。セイラが乗っているブランコの枝を切ってしまったり、お母さんが飼っている鳥を食べようと追いかけまわしたり……、毎日あらゆる「あくたれ」をくり返します。

それは、あたかも内面からほとばしる衝動に突き動かされているかのよう。ラルフの「赤」は、この抑えんばかりの衝動、底抜けのエネルギーを表していて、この本に触れた子はそれを敏感に感じ取ったのです。

この本は、そのほかにも読むたびに絵からさまざまなものが読み取れます。ついに家族から見放されてサーカスに置き去りにされたラルフの絶望感、町のごみ捨て場で「ぼくさびしい」と泣くラルフの悲しみ、セイラと再会する場面の幸福感、そして最後のページの意外な「オチ」――。

何十回、何百回とくり返し読む子もいるこの本ですが、それだけ、読むたびに話の筋だけでなく、絵からもさまざまな感情やメッセージ、物語が読み取れるのです。

どうか、子どもの「この本、もう一回読んで！」という言葉を、喜びとともに受け入れてもらえたらと思います。

『はじめてのおつかい』筒井頼子作／林明子絵／福音館書店
『こんとあき』林明子作／福音館書店
『あくたれラルフ』ジャック・ガントス作／ニコール・ルーベル絵／いしいももこ訳／童話館出版

column

大村はまの「読書生活指導」

日本を代表する国語教育者であった大村はまさんは、読書指導ならぬ「読書生活指導」という授業を長年にわたって展開していました。

ただ「良い本」を与えて読み味わわせるだけでなく、目的に応じた本の選び方、読み方、意見の言い方、本に対する興味など、「読むこと」にまつわる非常に多岐にわたる指導をいきいきとした授業のなかに盛りこんでいました。

生徒がつけていた「読書生活ノート」には、「自分が今まで読んだ本」のリストだけでなく、「これから読みたいと思う本」、新聞や雑誌などの書評、ほかの子どもたちの感想のメモなどもどんどんつけさせていて、読書に対するモチベーションを高めていたということです。

また、大村さんは努めて、子どもたちに自分が楽しんで本を読む姿を見せていたといいます。『教師 大村はま96歳の仕事』（大村はま著／小学館）にも、その教室の様子が非常にいきいきと語られています。

私は教卓の上にいつでも本を広げていて、そして、演出もします。それを読んでいる時に、「先生あのね」と生徒が言って来たら、「ちょっとちょっと待ってて、ここのところおもしろいから待ってて」と言って読むんです。そして少しして、「なあに？」という具合です。そこまでして、私がすぐ話を受けないでも読みたかった場所がその本にはあるというわけです。

大人が楽しんで本を読んでいる姿が、何よりも子どもに影響するということを知っているからこその行動です。

11 ファンタジーで力強く生きる視点を得る

以前、講演会の直後にひとりのお父さんが質問に来ました。

「うちの娘は、よくファンタジーを読んでいる。楽しんでいるようだが、そんなものばかり読んでいたら、現実に向きあえなくなるのではないか？　将来、現実逃避の癖が身についてしまうのではないか？　もっと、現実的な内容の本を読んだほうがいいと思うのだが……」

多かれ少なかれ、このような考えを持つ人は多いのではないかと思います。

曰く、ファンタジーは「絵空事」であり、現実とは違う。そんなものばかり読んでいたら、そのときは楽しいかもしれないが、この厳しい現実の世の中に向き合って生きていけなくなってしまう、ということです。

こんな質問が来たとき、私はあえて強い口調でおこたえするのですが、これはまったく逆なのです。

時代を越えて受けつがれてきたファンタジーは、人間世界の普遍的な問題、この現実の「真実」を描いています。

善と悪、共生と対立、生きる意味、幸福、人間愛……。その「真実」とは決して目に見えるものばかりではありませんが、そのような現実世界の本質の部分を真正面から、魅力的な登場人物や心躍るストーリー設定で描いたものが、ファンタジーという形式なのです。

つまり、**むしろ力のある数々のファンタジーを読むことで、この現実の世界を力強く生きていく視点を得ることができるのです。**

傑作ファンタジー『ゲド戦記』シリーズで有名なアーシュラ・K・ル＝グウィンは、著書のなかで次のように述べています。

「ファンタジーは子どものための物語の形として、子どもの本質に根ざした、もっとも自然なものだ。なぜ、そう言えるのだろうか？　子どもたちはたいてい現実と非現実の区別がつかないからか？　子どもたちには現実からの「逃避」が必要だからか？

そのどちらでもない。現実から意味を汲みとるために、子どもたちは想像力をフルタイムで働かせているから、そして、想像力による物語こそが、その仕事をするための最強の道具だからだ。」
（『いまファンタジーにできること』アーシュラ・K・ル＝グウィン著）

ファンタジーはたくさん読んでほしい

この本のブックリスト「冒険・ファンタジー」には、ほかの項目と比べてあえて多めに本を掲載してあります。どれも、各年代に自信をもっておススメできる傑作ばかりです。先述のル＝グウィンによる『ゲド戦記』は、言葉と世界の関係など、非常に深遠で多彩なテーマを持った作品。

『モモ』や『はてしない物語』に代表されるミヒャエル・エンデの作品も、さまざまな示唆に満ちた奥深いストーリーです。

ファンタジーの最高傑作とされるJ・R・R・トールキンの『指輪物語』は、何かを得る旅ではなく、大いなる力を持ってしまったものたちが、それを「捨てに行く」という物語。現代社会にも通じるあらゆるテーマが内包されています（さすがに長大なシリーズではあるので、その前日譚である『ホビットの冒険』から読むのがおススメです）。

日本でも、『だれも知らない小さな国』（佐藤さとる）や『木かげの家の小人たち』（いぬいとみこ）などの古典に始まり、異世界で「この世界でいちばんたしかなもの」を探す少年の旅を描いた『二分間の冒険』（岡田淳）など、優れたファンタジーは多くあります。

『ゲド戦記』アーシュラ・K・ル＝グウィン作／ルース・ロビンス画／清水真砂子訳／岩波書店
『いまファンタジーにできること』アーシュラ・K・ル＝グウィン著／谷垣暁美訳／河出書房新社
『モモ』ミヒャエル・エンデ作／大島かおり訳／岩波書店
『はてしない物語』ミヒャエル・エンデ作／上田真而子・佐藤真理子訳／岩波書店
『ホビットの冒険』J・R・R トールキン著／瀬田貞二訳／岩波書店
『だれも知らない小さな国』佐藤さとる作／村上勉絵／講談社
『木かげの家の小人たち』いぬいとみこ作／吉井忠画／福音館書店
『二分間の冒険』岡田淳作／太田大八絵／偕成社

第2章

読み聞かせ＝「耳からの読書」で本に親しむ

子どもに向けて本を読んで語ることを一般的には「読み聞かせ」と呼んでいて、この本でもたびたびその言葉を使っています。

しかし、実を言うと私自身は、「読み聞かせ」という表現はあまり好ましくはないと感じています。読書とは、誰かに読んでもらうにしろ自分で読むにしろ、豊かな物語世界に自分のすべてをどっぷりと浸らせ、楽しさのなかでさまざまな体験をするというもの。それなのに、「読み聞かせる」という表現を使ってしまうと、何とも強制的で義務的、教育的な響きが出てしまうのです。

これは児童文学作家であり、『思い出のマーニー』の翻訳家としても知られる松野正子さんが用いていた表現ですが、「耳からの読書」という言い方のほうがしっくりくるように感じます。

とはいえ、広く一般的に使用されている言葉であることを考えて、便宜上この本でも「読み聞かせ」という言い方を用いることにします。

『思い出のマーニー』ジョーン・G・ロビンソン作／ペギー・フォートナム画／松野正子訳／岩波書店

1 読み聞かせはなぜ大切なの？

私はよく、小学校高学年の中学受験コースの授業でも絵本の読み聞かせを行うことがあります。

たとえば、五味太郎さんによる『言葉図鑑』シリーズは、第1巻の「うごきのことば」(動詞)にはじまり、「かざることば」(形容詞や形容動詞)、「なまえのことば」(名詞)など、全10巻を読めば国文法の知識を楽しみながら身につけることができます。

また、レオ＝レオニの『スイミー』は、倒置法や体言止めなど詩の表現技法がほぼすべて使われているため、一冊読めばかなりの学びになります。

しかし、そうした「学び」以上に、みんな何よりも読み聞かせそのものを楽しみにしているのです。

高学年ともなれば、当然『言葉図鑑』や『スイミー』くらいの絵本は自分ひとりで読める力はあります。それでも、「読んで！」と言ってくるのです。

読み聞かせで心がつながる

そんな姿を見ると、子どもたちは読み聞かせをとおして読む人との「心のつながり」を求めているのではと思えます。たとえひとりで読める本であるとしても、大人の生身の「声」で届けるからこその意味があるのです。

長年にわたり福音館書店の会長を務めた松居直さんは、『絵本・ことばのよろこび』のなかで、特に就学前の子どもの場合、「絵本は大人が読んでやるもの」と言い切っています。少なくとも子どもがひとり読みできるまでは、大人の責任で本を選び、時間の許すかぎり読んであげる。そして、たとえひとりで読めるようになっても、一定以上は読み聞かせをするべきだというのです。

子どもは「文字の文化」ではなく、「声の文化」に生きています。つまり、文字でなにかの情報を得るのではなく、他者の声を通して身のまわりの世界を認識していく段階にいるのです。

読み聞かせをくり返すことで、子どもたちは耳で聞いた言葉をもとに頭のなかでイメージを働かせ、さまざまなことを感じ取ることができます。

そして読み聞かせの一番の効用は、**本を読んでいる人との心の結びつきが生まれ、子ど**

もたち自身が「大人が自分のために時間を割いて本を読んでくれた」という満足感を得られるということ。

ぜひ子どもたちとたっぷり読み聞かせの時間を持ち、さまざまな「心のつながり」を感じてみてください。

『言葉図鑑』五味太郎著／偕成社
『スイミー』レオ＝レオニ著／谷川俊太郎訳／好学社
『絵本・ことばのよろこび』松居直著／日本キリスト教団出版局

column

ケルト人はあえて文字を持たなかった？

ドイツ文学者であり、昔話の研究家でもある小澤俊夫さんの『昔話の語法』には、「昔話は時間的文芸」であり、「昔話がほんとうに存在するのは、それが語り手によって語られている時間のあいだだけなのです」と明言されています。

昔話とは文字で書かれたものを読み味わうものではなく、あくまで人による口伝え＝口承によってこそ意味をなすということです。

今ほど活字による伝達が一般的でなかった時代では、人から人による口伝えが重要なコミュニケーション。遠い昔の人々が考えてきたことや不思議に思ったことが物語化され、今に至るまでときを越えて伝わりつづけてきたのが昔話なのです。

読み聞かせに昔話が向いている理由のひとつも、ここにあります。

これと関連した興味深い話があります。

古代ヨーロッパに存在していたケルト人たち。彼らは自然崇拝の宗教観を持ち、芸術的にも優れた文化を持っていたとされています。今では日本でも人気のケルト音楽や、『リバーダンス』などの舞台芸術で、彼らの文化の片鱗に触れることができます。

しかし、彼らはどういうわけか文字を持っていませんでした。それには、彼らが「あえて」文字を持とうとしなかったからではないかという説があります。

私たちが何かを文字で表わすと、その物事について視覚的に把握できる分、ともすると「わかったつもり」になってしまいます。

それに反して、文字で残さず口承で伝えられる

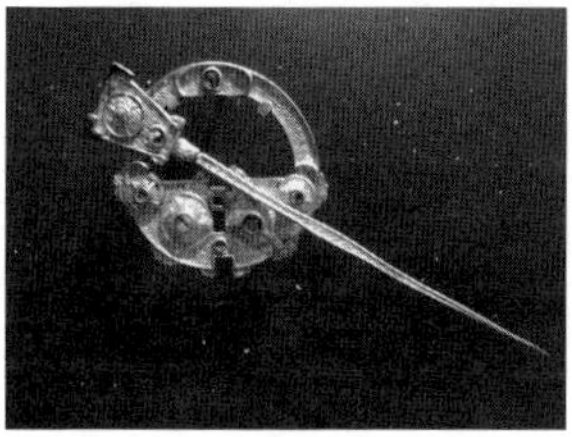

と、その物事を自分なりにじっくりとイメージを描きながら想像をめぐらすことができます。

言ってみれば、ケルト人たちは身のまわりの物事への想像力や感受性を維持するために、あえて文字を持たなかったというのです。

結論が出るまでは今後の研究が待たれますが、人間が文字というものを発明したことの意外な弊害について考えさせられる話です。

『昔話の語法』小澤俊夫著／福音館書店

2 読み聞かせは自然な声で

図書館や書店で行われる読み聞かせのイベントに行ってみると、キャラクターごとに声《こわ》音《ね》を大きく変えたり、役者やアニメの声優のように実に情感たっぷりに語ったりする方を見かけます。

なかには、指人形やパペットなどで子どもの興味を引いたり、大げさな動作や効果音で笑いを誘ったりする場面もあります。

そうしたものを目にして、「家でもあんなふうに読み聞かせないといけないのかしら？」と心配になるお母さんもいるようです。

しかし、本を読むというのは決して「ショー」ではありません。あくまで、ひとつの物語の世界に浸ってさまざまなものを感じ、味わうという行為です。

あまりにも過剰な演出を加えると、物語そのものよりもそちらのほうが気になってしまい、話に集中できにくくなるのです。

結論としては、**読み聞かせではあくまで「自然」が一番なのです。**

心をこめて読む必要はありますが、過剰な演出は不要ですし、声音を無理に変える必要もありません。

私自身、子どもたちに読み聞かせをするときは、感動的な場面であってもあえて淡々と読み進めるようにしています。あくまでも物語の「黒子に徹する」というイメージです。そしてそのほうが、子どもが物語のなかにスッと入っていけると実感しています。

自ずとその本にふさわしい語りになる

少し話は変わりますが、スタジオ・ジブリの映画では、ときどき非常に落ち着いた声質の、ある意味プロの声優さんと比べると明らかに「棒読み」の人が声をあてることがあります。

『となりのトトロ』のお父さん役の糸井重里さん、『風立ちぬ』の堀越二郎役の庵野秀明さんなどは、抑揚を抑えた極めて淡々とした語り口です。しかし、それがかえって観る人を物語に引き込むような、独特な存在感のある声として感じられます。

かつて放送されていたNHKのドキュメンタリー番組『プロジェクトX』なども、田ロトモロヲさんのあえて抑制のきいた語りを起用することで、見る人を引きつけることに成功していました。

しかし、だからといって極端な「棒読み」で、感情をまったく入れずに読むのは逆効果！

読んでいる人が単なる義務感から、無理をして無感情に読み聞かせをしていると、それはすぐに子どもに伝わってしまいます。

読み聞かせをする人自身が、その本を読んで受けた感動や幸福感を思いだしながら読むようにすれば、自ずとその本にふさわしい「自然な語り」となります。

3 読み聞かせは寝そべってもいい

子どもがひとつの物語にどっぷりと浸るには、**テレビがついていない静かな環境がベストです。**

今やほとんどの家庭にテレビがありますが、テレビとは言ってみれば、「顔の見えない他者から延々と言葉が語られる」もの。

日々何時間もその状態にいると、実際に自分に向けて語られている言葉も聞き流し、言葉をないがしろにする姿勢が強まってしまうことにもつながります。

本から能動的に言葉をつかみとり、自分の言葉や思考を関わらせていくには、「よき静寂」が必要なのです。同様に、ラジオやＣＤ、パソコンなども消しておくのが理想です。

さらに、**子どもが楽な姿勢でリラックスできている状態も大切。**読書だからといって、過度にかしこまった、堅苦しいムードになる必要もありません。

ボランティアによる学校への読み聞かせイベントの様子を見ていると、学校の先生の指導で「行儀よく、背筋を伸ばしてしっかりと聞くこと」が指示されていることもありました。

おそらく、「せっかくあなたたちのために来てくださったのだから、礼儀正しく聞くように」という指導であったのだと思います。

しかし、肝心の子どもたちの様子を見ると、明らかに多くの子が物語に入りきれていませんでした。体がリラックスできていないと心も落ち着かないため、安心して物語を聞いて楽しむことができないのです。

ある5年生の男の子は、以前笑いながらこんなことを語っていました。

「うちの家族は、みんな本好きなんです。最近は、新しく出た『西遊記』を寝る前に、寝っ転がりながらお母さんとかわりばんこに音読し合ってるんですよ。やっぱり、僕よりお母さんのほうがうまいんですけど……」

そう、本は家族みんなで寝そべって読んでもいいのです！

落ち着いた静かな環境で、家族全員がリラックスして本に向かうこと。それは、家庭に「豊かな時間」というプレゼントをもたらします。

4 読み聞かせは何歳でも構わない

「読み聞かせ」はいくつまでやっていいのですかと、聞かれることがあるのですが、結論から言うと、**読み聞かせは何歳まででも構いません！**

実際私は、たとえば中高生の授業でも絵本の読み聞かせをすることがあります。本の選択さえ間違えなければ、中高生にとって実りある絵本は多くあり、また読ませるのではなく、大人が読み聞かせることで多くを感じ取らせることもできます。

自分ひとりで読むのと違って他者の語りを聞くことになるので、じっくりとイメージしながら、またいろいろと考えをめぐらせながら物語世界を味わうことができます。

〝速読病〟の女の子を変えた読み聞かせ

以前、5年生になってから担当するようになったひとりの女の子がいました。その子は小さい頃から右脳教育の教室に通っていて、挿絵のない文字だけの、かなりレベルの高い本であっても見開き2ページを数秒で読めるくらいの速読力を持っていました。言ってみれば、文章を読んで情報処理をする能力には長《た》けていたのです。

しかし、その子はなにかの文章をもとにして自分なりの視点で物事を考えたり、物語の情景や心情をイメージしたり、読んでいるうちになにかの「引っかかり」を感じてそれを考えつづけたりすることには弱さがありました。

言ってみれば、大学生や社会人になってから必要になるそうした力に不安があったのです。

そこで私は、その子の授業のかなりの時間を、ひとり読みと並行して読み聞かせに費やし、かなりの部分、速読みの軌道修正をすることができました。

ちなみに、その子の一番のお気に入りは、岡田淳さんの『二分間の冒険』でした。一度目に読み終わった瞬間、思わずため息のまじった声でおもむろに、「――いやあ、おもしろかった……」とつぶやいていたのを覚えています。

高学年でも黙読と耳からの読書を併用する

その、簡単に言葉では言い表せないような満足感を何度でも、じっくりと味わいたいと

いう気持ちがあれば、何でもさっと読み終えようとすることはなくなります。

このように、高学年以上になっても、基本的に黙読と耳からの読書は併行して行うのがおすすめなのです。

大人であっても、誰かの語りを聞くことで、自分ひとりで読むときには気づけなかったことを感じ、イメージを広げ、深い理解がもたらされることは多々あります。

作家・日本文学者の林望さんは、東京藝術大学の授業で『平家物語』を全巻読み聞かせるという授業を行っていたそうです。特別な注釈や解説を入れることもなく、ただ朗読するのを学生に聞かせるだけです。

そうすることで学生たちは予想以上に内容を味わえ、深く理解できて「おもしろい」と感じるようになるということです。

そもそも、ヒトが文字を発明してからの時間は、人類の歴史全体から見てもそう長いものではありません。特に、印刷技術が普及して広く人々が活字に触れられるようになったのは、本当にごく最近のこと。それまではずっと、人々は声でコミュニケーションをしていました。

「早期教育」という名のもとに就学前に本を「知育教材」として扱って子どもに字を覚え

させるというご家庭もありますが、それよりもまずはたっぷりと読み聞かせ、おしゃべりを経験させて話し言葉に触れさせることが大切なのです。

『二分間の冒険』岡田淳作／太田大八絵／偕成社
『知性の磨き方』林望著／ＰＨＰ研究所

5 読み聞かせに向いている本の選び方

「読み聞かせをしたいとは思うけど、いろいろあってどんな本がいいのかわからない」という質問をよく受けます。

読み聞かせに限らず、どんな本が子どもに向いているのかということは、その子の興味・関心や発達状態、そのときの気分や性格など、さまざまな要因が絡むもの。一概に「これ！」という明快な解答を示すことはなかなか難しいものです。

そこで、ここでは基本的なポイントを示していきます。

まず大原則として、**読み聞かせにはお父さん、お母さん自身が大好きな本を使ってください。**

「自分は好きでもないけど、専門家がいい本って言ってるから」「よくは知らないけど、今売れている本だから」などという理由で読み聞かせをしていると、子どものために嫌々ながら「お義理で」読んでやっているという雰囲気が、瞬間的に子どもに伝わってしまいます。

そうなったら途端に読書の時間が楽しみではなくなってしまいます。

お母さん自身が子どものときに好んで読んでいた本、あるいは信頼できる図書リストから自分の目と感覚で自信を持って選び取った本であれば、「この楽しい本を子どもと共有しよう」という、ワクワク感が自ずと生まれます。

好きな本を前にした高揚感は、必ず他人に伝播するもの。大人の側もそうしたワクワク感、高揚感を感じながら、子どもと一緒に楽しみに徹することがなによりも大切です。

迷ったら民話や昔話を

ただし、なかには「実は子どものときにそこまで好きだった本がなくて……」というお母さんもいるかと思います。

そんなときは、**まず日本や世界の「民話」や「昔話」を読み聞かせることをおススメします。**

昔話や民話は、言ってみれば読み聞かせや読書指導の「万能選手」です。時代を越えて語り継がれてきたなかで洗練された、シンプルな形式や言葉づかい。そして、先人たちの知恵や世界のスケールが感じられる魅力的なストーリー。

読む長さとしても丁度よく、年齢を問わず楽しめる「強さ」を持っています。

最近復刻された、実業之日本社の『子どもに聞かせる世界の民話』（矢崎源九郎編）は、世界各国の民話81話が収められていて、読み聞かせやストーリーテリングにうってつけのロングセラーです。目次には「約5分」「約10分」など各話を読む目安時間も書いてありますし、世界地図や大人向けのコラムも充実しています。

ほかにも、ミステリアスで幻想的なイギリス・アイルランドの昔話、ファンタスティックでスケールの大きなロシアの昔話、陽気なイタリアの昔話、大らかなアジアの昔話など、魅力的な昔話集が各出版社から出ています。

代表的な話の多くは絵本化もされていますので、ぜひたっぷりと読んであげてください。

『子どもに聞かせる世界の民話』矢崎源九郎編／実業之日本社

column

昔話の「残酷さ」と子ども

昔話のなかには、大人の目から見るとびっくりしてしまうほど「残酷だ」と思われるものも多くあります。

第1章でも紹介した『三びきの子ブタ』などは、長男ブタと次男ブタがオオカミに食われ、最後は三男ブタがそのオオカミを食ってしまうという話。

瀬田貞二さんが訳した『おおかみと七ひきのこやぎ』は、腹に石を詰められて井戸に落ちたおおかみを見て、やぎたちが「おおかみ、死んだ！」と大声で踊りまわるという終わり方。

まさに、一切の甘さを排除した容赦のない描き方です。「読むときに、さすがにちょっと引いてしまいます……」と言うお母さんも少なくありません。

ほかにも、『白雪姫』『シンデレラ』『赤ずきん』などのグリム童話、『かちかち山』や『舌切雀』などの日本昔話も、実際にはかなり残酷なシーンがあって、「子どもに聞かせるには行きすぎでは?」と感じる人もたくさんいます。

これに関して、児童文学の専門家で翻訳家でもある脇明子さんが、著書『物語が生きる力を育てる』(岩波書店)のなかで鋭い指摘をしています。

そもそも子どもは、大人と比べて社会化されていない分、「動物として生きる力」が強い段階にいます。その力とは、たとえば五感を使ったり、食べ物を探したり、全身を使って運動したり、相手の表情を素早く読みとったりできるような力です。

すなわち、「酷い……」「残酷だ……」と感じられるような理性、言いかえると「人間らしさ」が出てくるのはもう少しあとの段階になります。よって、子どもたちは昔話のなかに出てくる残酷シーンも、割とすんなり受け入れて楽しめることが多いのです。

言ってみれば、大人と子どもはまったく別の生き物として考えてもいいくらいなのです。
子どもに語る話に残酷シーンがあることを大人目線で極端に気にする必要はなく、子どもの「動物として生きる」たくましい力も大切にして、のびのびと成長をサポートするのが肝要です。

『おおかみと七ひきのこやぎ』グリム著／フェリクス・ホフマン絵／せたていじ訳／福音館書店

6 挫折せずに黙読に移行させる方法

子どもが小さい頃からたっぷりと読み聞かせを経験していれば、「もうひとりで読める」「自分でも読んでみたい」と感じる瞬間は、どこかで必ず訪れます。

そんなときは、**絵本や短めの創作物語から移行させていくとスムーズです。**

本の「対象学年」というのはあくまで目安に過ぎませんが、本書のブックリストの「小学1・2年生」「小学3・4年生」向けの本のなかには、ひとり読みの入り口になるような、適度な長さと内容の本を多く載せてあります。

たとえば、『ポリーとはらぺこオオカミ』（キャサリン・ストー）や『大力のワーニャ』（オトフリート・プロイスラー）、『でんでら竜がでてきたよ』（おのりえん）や『小さな山神スズナ姫』（富安陽子）などは、昔話や民話などの伝承を題材にして作られた物語なので、小さい頃からたっぷりと昔話の読み聞かせを経験してきた子は非常に楽しんでいて、比較的ひとりでも読むことができています。

また、**少し長い話であれば、はじめのシーンだけはお母さんが読み聞かせてあげるのも効果的です。**

どんな物語でもある程度の長さのものとなれば、ストーリーが本格的に動き始めるまでにしばらくはかかるもの。最初は舞台となる場所の情景描写や、登場人物の背景など、物語全体の「設定」となる要素の説明が主になります。

ひとりで読み始めたものの、おもしろいところに行きつくまでに挫折してしまったら、あまりにもったいない。

そこで、物語が本格的に動きだすまでは、一緒に読んであげるのです。そして徐々にゲタを預けていき、厳しそうだったらまた読み聞かせをしてあげます。

96ページでも述べたように、読み聞かせは何歳になっても楽しめて意義のあること。もし完全に黙読ができるようになっても、ときどきは読み聞かせをしてあげるといいのです。

画期的な「説明＋一部朗読」

１０４ページでも紹介した脇明子さんは、『ドリトル先生航海記』（ヒュー・ロフティング）などの本格的な長編ストーリーで、部分的に要約や解説を織り交ぜながら読み聞かせる「**説明＋一部朗読**」という指導法を実践しています（『読む力が未来をひらく　小学生への読書支援』岩波書店）。

たとえば、はじめから29ページ目までは簡単な要約を伝えるにとどめ、主人公のトーマス・スタビンズ少年がドリトル先生とはじめて出会う印象的なシーンになったら、本文をそのまま読み聞かせます。その後も、要約と解説、聞かせどころの読み聞かせを交互に続けていきます。

このように本全体を簡略化するのではなく、印象的なシーンや特におもしろいところは読み聞かせをし、それ以外のところは要約と解説のみを手短に語ることで、子どもたちの名作への関心を高めているのです。非常に参考になる手法です。

『ポリーとはらぺこオオカミ』キャサリン・ストー作／マージョリー＝アン・ワッツ絵／掛川恭子訳／岩波書店
『大力のワーニャ』オトフリート・プロイスラー作／堀内誠一絵／大塚勇三訳／岩波書店
『でんでら竜がでてきたよ』おのりえん作／伊藤英一絵／理論社
『小さな山神スズナ姫』富安陽子著／飯野和好絵／偕成社
『ドリトル先生航海記』ヒュー・ロフティング作／井伏鱒二訳／岩波書店

7 義務感で読みつづけるのはNG

基本的には、一度読み始めた本は最後まで読むのが望ましいです。はじめの場面では今ひとつおもしろさがわからなくとも、最後まで読めばじんわりと静かな感動が押し寄せ、情景がしっかりと印象づけられるような魅力を持った本も、多くあります。

ロバート・マックロスキーの『海べのあさ』『すばらしいとき』、ユリー・シュルヴィッツの『よあけ』『ゆき』などはそんな本です。

あらゆるタイプのおもしろさを子どもに伝え、世界観を広げていくのが大切なことは、言うまでもありません。

とはいえ、読み始めた本に子どもがどうにも興味を示さないばかりか、明らかな拒否反応を示すこともあります。

私がこれまでに聞いた話では、「オオカミの出てくる本を見せると泣き出してしまう」「お化けや幽霊の話は絶対にだめ」、男の子であれば「女の子が主人公の話は聞こうとしない」といったようなものがあります。

子どものそうした反応は、単純な思いこみによるものが多いのですが（まわりの大人がそう「思いこませてしまっていること」が非常に多いものです）、**もし極端に嫌がっている場合は、無理にその本を読み通す必要はなく、別の本に変えても問題はありません。**

「最後まで読むって約束でしょ！」と言われ、単なる義務感で読みつづけていると、しだいに読書の時間を苦痛に感じるようになってしまいます。

読める時期は必ずやってくる

またいずれ読めるチャンスは来るので、そのときの子どもが心から楽しめる本から読んでいけば大丈夫です。

これは本の内容だけでなく、難易度に関しても言えること。読みはじめた本が、明らかに今のその子にとって難しい内容や言葉づかいのものであったときは、迷わず別の本に変えて構いません。

あるいは、その本の内容に関係する話や知識を伝えるなど、読む前に若干の「前置き」があると効果的です。以前、アラスカを舞台にした『旅をする木』（星野道夫）というエッセイを読んでいた6年生の男の子に、星野さんの撮影した動物写真やアラスカの地図を見せました。すると、本の内容のイメージがスムーズにつかめたようでした。

場合によっては、本にこだわらずに「おしゃべり」に切り替えてもいいのです。幼稚園や学校であったことなどを、ゆったりと共感を持って一緒に聞いてあげることで、実り多い時間が生まれます。

裏技として、ときには「今日はお母さんに読んでみてくれる？」と子どもにお願いするのもありです。夕食の支度をしていて忙しいときなどでも、これは効果的です。思った以上に上手に読んでくれるかもしれませんし、「自分でも読めた！」と自己肯定感が高まることもあります。

ひとつの話を読みきったら、大げさなくらい誉めてあげてください。

『海べのあさ』ロバート・マックロスキー作・絵／石井桃子訳／岩波書店
『すばらしいとき』ロバート・マックロスキー作・絵／わたなべしげお訳／福音館書店
『よあけ』ユリー・シュルヴィッツ作・画／瀬田貞二訳／福音館書店
『ゆき』ユリ・シュルヴィッツ作・画／さくまゆみこ訳／あすなろ書房
『旅をする木』星野道夫著／文藝春秋

8 読み聞かせは物語でなくてもいい

読み聞かせというと物語を対象にしているイメージがありますが、決してそんなことはありません。**科学絵本などのノンフィクション、詩歌、言葉遊び、なぞなぞ、記録文、エッセイなど、ありとあらゆるジャンルの本を読んで構いません。**

私は、よく授業の冒頭や合間の時間に、『なぞなぞの本』から世界のなぞなぞを出題しています。一種のアイスブレイクのようなものです。

「生まれたけれども　生まれてない　生まれてないけど　やっぱり生まれてる」（フィリピン）、「赤いぼうしをかぶると　だんだん背がひくくなるもの」（日本）、「会う人ごとにちがう顔　自分の顔を持っていない」（いろいろな国）など、それ自体が非常に詩的な、センスのいい言葉で綴られたなぞなぞで、子どもと一緒に考えるのが楽しくなるようなものばかりです。

『遠野物語』でも有名な民俗学者の柳田國男によると、なぞなぞの語源は「何ぞ」。昔の人々が身のまわりのあらゆるものを隠喩的に表現したものや、生活の知恵を節のある歌にしたもの、炉端での大人同士の問答などから始まったとされています。

言ってみれば、なぞなぞとは洒落た言葉を駆使した言葉遊びであり、問答を楽しむコミュニケーション・ゲームでもあります。時代を越えて多くの人が楽しめるものです。

想像力を刺激する詩の本

ときには、詩の本を読み聞かせるのもおすすめです。

詩とは、この世界のあらゆる「目には見えない真実」が、グッと凝縮された言葉で表されたもの。限られた言葉だけで、読む人、聞く人にさまざまなイマジネーションを呼びおこしてくれます。

イギリスの詩人ハーバード・リードは、子どものための選詩集『楽しい道（This Way Delight）』のなかで、優れた詩を「マジック・アンド・ミュージック」という言葉で表しています。

「ある言葉は耳に快く響きますし、口にすると舌に感じのよいものです。またある言葉は魔力をもち、心を神秘感《ワンダー》でみたします。マジックとミュージック、これが最良の詩にはふたつながら具わっています。そしてそれが一緒になって、詩の特別な悦びを私たちに授けてくれます。」（『幼い子の文学』瀬田貞二／中央公論新社）

『つぶつぶうた』や『てんぷらぴりぴり』など、日本人として初めて国際アンデルセン賞を受賞したまどみちおさんによる数々の詩集。

思わず声に出して読みたくなる、谷川俊太郎さんの『ことばあそびうた』や、はせみつこさんによるアンソロジー『しゃべる詩あそぶ詩きこえる詩』。

海外のものでは有名な『マザーグース』など、声にしたときの響きとして快く、五感に訴えかけてくる言葉の力を持ち、かつイメージが広がって心が躍りだすような、すてきな詩がたくさんあります。ぜひ、世代をこえて楽しんでもらいたいと思います。

驚きに満ちた科学の本

また、ときには科学絵本などのノンフィクションを一緒に読むのもおススメです。

森谷憲『たべられるしょくぶつ』は、キャベツやキュウリ、スイカ、ジャガイモなど10種類の野菜や果物の実がどうやってできるのかを、明快なイラストと平易な文章で記した本。ニンジンの花や落花生のでき方など、大人でも「へえ、そうだったの？」と驚きを感じる内容です。

子どもたちにも人気があり、低学年のみならず、理科を勉強している中学、高校受験生の授業でも読み聞かせると非常に食いつきがいいです。

そうしたたくさんのジャンルの本で、物語とはまた違った魅力を味わわせ、さまざまな方面から好奇心を刺激することが大切です。

『なぞなぞの本』福音館書店編集部編／石川勇絵／福音館書店
『ことばあそびうた』谷川俊太郎詩／瀬川康男絵／福音館書店
『しゃべる詩あそぶ詩きこえる詩』はせみつこ編／飯野和好絵／冨山房
『たべられるしょくぶつ』森谷憲文／寺島龍一絵／福音館書店

column

そもそも「詩」とは何？

かつて詩人の谷川俊太郎さんは、「詩とは何か？」という質問には、詩そのもので答えるしかないと語っていたそうです（谷川俊太郎『詩ってなんだろう』筑摩書房）。たしかに、長い時間のなかで生みだされてきた限りなく多様な詩とはどういうもので、いったい何を表現しているのかという問いに答えるのは困難です。

その、たしかなひとつの解答になるものを紹介します。

『ムギと王さま』や『天国を出ていく』『町かどのジム』などで知られるイギリスの児童文学作家エリナー・ファージョンは、まさに『詩』というタイトルの詩を作っています。

詩って何？　わかる？

バラでなくて、その香り。
空でなくて、その光り。
虫でなくて、その動き。
海でなくて、その響き。
私でなくて、この身に
見せて、聞かせて
感じさせてくれるもの。
普通の文章で表わせないもの。
そんなものだってこと、わかる？

（出典：『幼い子の文学』瀬田貞二著／中央公論新社）

「詩とは何か？」という問いに、的確かつシンプルに、しかも実に美しい言葉で答えた詩だと感じられるのですが、いかがでしょうか？

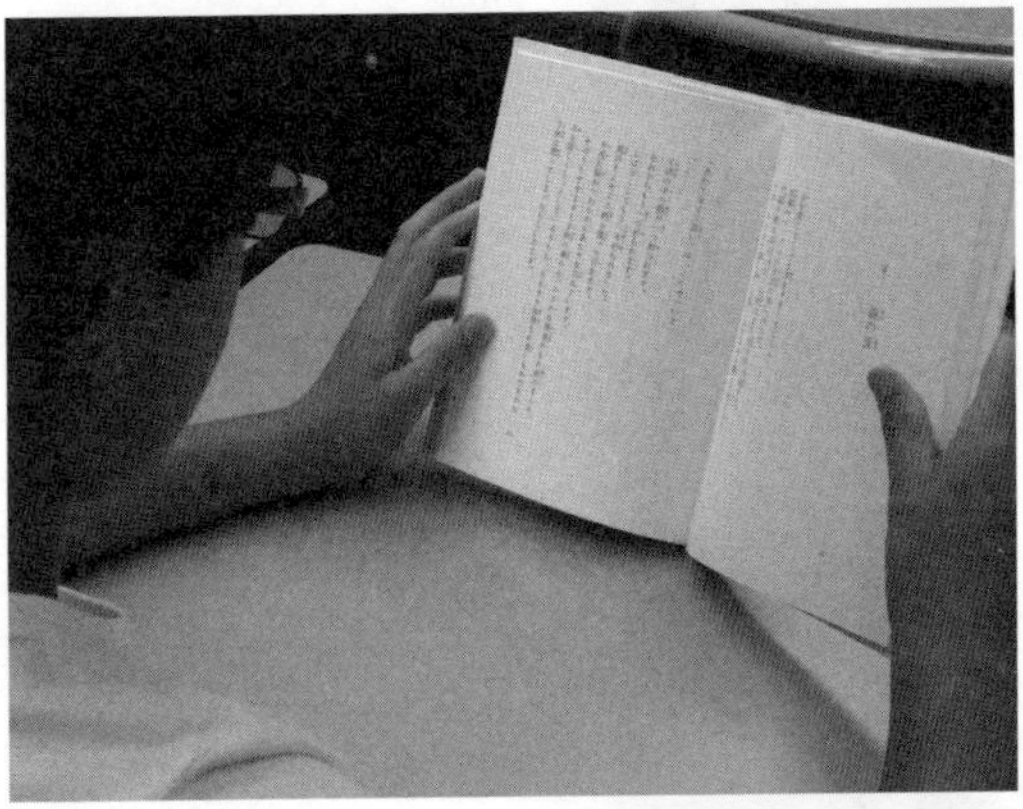

第3章

目的別　子どもが読みたくなる本の選び方

1 子どもが自分から本を読むようになるマル秘作戦

子どもの成長のあらゆる場面で重要なポイントは、「強制」ではなく「自発性」です。

心理学者のR・ド・シャームは、このことをチェスの指し手（Origin）とコマ（Pawn）にたとえて、「**人は常に、《コマ》ではなくて《指し手》であろうとする**」と表現しました。

まるでチェスのコマのように、なにからなにまで他人に決められていると「やらされ感」ばかりが募ってしまいますが、少しでも自分で決められる部分が増えると、「自分でやってみたい」という内発的なモチベーションが高くなります。

このことは、子どもの本を選ぶときにも当てはまります。

本選びでは、ともすると大人目線で「ためになる本」を無理強いしてしまいがちではありますが、**子ども自身の「自発性」や「選択権」とのバランスも大切なのです。**

言ってみれば、子ども自身もある程度《指し手》として振る舞えているかどうかということです。

「本を2冊買う作戦」は成功する

私があらゆるお父さんお母さんにおすすめして、ほぼ例外なくうまくいった「裏技」をひとつご紹介します。名づけて、「**本を2冊買う作戦**」です。

まず、子どもと一緒に書店に行きます。そして売り場に来たら、子どもに次のように声がけします。

「じゃあ、この本屋さんにある本のなかで、1冊だけ好きな本を買ってあげる。漫画でもいいし、ゲームの攻略本でもいいし、図鑑でもいいよ」

大概、ここで子どもたちは「えっ、本当!?」と喜びます。

何にせよ、親からなにか買ってもらえるというのは嬉しいものです。ここでもし、子どもが「おやつ的な本」を選んだとしても、ケチをつけずに目をつぶることにします。

そして、そのあとこう言います。

「……ただしね、実はお母さんのおすすめの本が1冊あるんだ。それも買ってあげるから、2冊読んでみて！」

そうして、お母さんが選んだ「ご飯の本」と、子どもが選んだ「おやつの本」を、さりげなくバランスを取りながら2冊同時に買ってあげるというわけです。一種の「交換条件」

のようなものです。

その際、「この本は〜っていう話で、お母さんもあなたくらいのときに読んでハマったんだよ」などと、ちょっとしたブックトークを交えながら買ってあげると、意外にも子どもが食いついてきて、「読んでみようかな」という気になれることが多いのです。

この「本を2冊買う作戦」は、ただ良書を押しつけるのではなく、子ども自身の《指し手》としての選択権が尊重されていることもあり、今のところほぼ百発百中です。ぜひ一度お試しください。

子どもの自発性を尊重するとうまくいく

これと同じ理屈で、たとえば書店や図書館で1冊だけ手に取って「これを読みなさい」と押しつけるよりも、10冊ほど用意して「まずはどれを読んでみたい？」と選ばせるほうが、大概うまくいきます。

また、2000円から3000円などと金額を決めて、「この金額の範囲内で読みたいと思う本を選んでいいよ」と伝える方法もあります。これは、心理学者の河合隼雄さんがご自分の子どもたちの誕生日に試した方法でもあります。

とはいえ、ここで紹介したのはどちらかというと子どもがある程度の年齢以上になってからの話。目安としては、小学校の中学年くらいからでしょうか。

まだ子どもが幼くて読み聞かせが中心の段階にいる場合は、基本的にはお母さんの判断で本を選んで大丈夫です。

その際は、お母さんが子どものころに大好きだった本、あるいは昔話や国内外の優れた絵本から選んでみてください。

column

『思い出のマーニー』の舞台

お母さんたちと話をしていると、自分自身が子どものときに好きでよく読んでいた本として、たびたび挙がる本があります。

絵本であれば、『ピーターラビット』や『小さいおうち』『ぐりとぐら』『からすのパンやさん』など。海外児童文学であれば、『若草物語』『大草原の小さな家』『赤毛のアン』『秘密の花園』『小公女』――。

ジョーン・G・ロビンソンによる『思い出のマーニー』も、そのひとつです。

「どのシーンをよく覚えているっていうわけではないんですけど、物語の全体を読んでイメージした光景って言いますか……マーニーの屋敷とか、夕暮れの村の海辺とか……そういうのがずーっと、今でも頭のなかに残っている感じなんです」

あるお母さんは、こう振り返っていました。たしかに、優れた物語とはせりふのみならず、何らかの情景を強く読み手に印象づけて、それがときを越えてその人をいつまでも支えつづけるものです。

この物語は、幼いときに孤児となった少女アンナが主人公。

一見「ふつうの子」ではあるがどこか他人と距離を置いているアンナは、療養のため海辺の村リトルオーバートンでひと夏を過ごすことになります。そして、アンナは村の海辺に建つ「湿っ地屋敷」になぜか特別な思いを感じるようになり、そこに住む不思議な少女マーニーと友情を深めていきます。

村の人たちが誰も知らないマーニーと、主人公の少女の不思議な交流をとおして、人の心の浄化を繊細に描いた、一読忘れがたい物語です。

作中で「リトルオーバートン」とされている港町は、実際にはイギリスのノーフォーク州にあるバーナム・オーバリーという町。私は２０１５年の秋、この小さな町を訪れました。ガイドブックにも載っていないような、本当に小さな港町です。作者であるロビンソンが一時期住んでいた場所。物語に登場する「湿っ地屋敷」や、風車小屋のモデルとなった建物も、ほぼ挿し絵と同じ姿で残っていました。自分が物語の世界に入りこんだかのような、不思議な感覚を覚えました。

このようなものを目にすると、ファンタジーとは決して現実離れした「絵空事」ではなく、現実世界と地続きのところにあるということが強く実感されます。

また、バーナム・オーバリーは海に近くて緑も多く、非常に美しい自然にあふれた場所でもあります。主人公のアンナが最終的に自分の心を回復させることができたのは、マーニーや村の人たちとの交流に加えて、美しい自然に囲まれたことが大きな要因となったのは明らかです。

2 年齢が上がるにつれ字の多い本を読ませるべき?

「本ばっかり読んでないで、勉強しなさい」

「あと30分は読みなさい」

「もっとまともな本を読みなさい」

「そんなくだらない本なんか、読むのやめなさい」

……これらはすべて、以前子どもたちにアンケートをとって、「本に関して親から言われて嫌だと思った言葉」で上位に入ったものです。「思い当たるなぁ」「うっかり言ってしまったなぁ」と感じる人も多いのではないでしょうか?


これらをおさえて、栄えある(?) 1位となった言葉は…… **「もっと字が多くて厚い本を読みなさい」** でした!

「3年生のとき、親から『長い本を借りてきなさい』と言われて1冊借りてきたんですよ。そしたら、『もっと長いのがあるでしょ!』と怒られたことがあって……。それだけが理由じゃないですけど、そのうちだんだん図書館にも行かなくなっちゃいました」

こうふり返ったのは、「今では読書が大好き」と語る、ある高学年の女の子です。親からの何気ないひと言が、いつまでも子どものなかに残るということは多いものです。

たしかに親としては、本に書かれてある表面的な文字だけを見ると、子どもが小さいうちは絵がメインでひらがなが多めの本、大きくなっていくにつれて絵が少なくて字が多く、漢字も多用されている本を読ませたいと思ってしまいます。

たしかに本選びで文字というのはポイントのひとつになりますが、**あまりに本の表面的な文字だけで判断するのは避けるのが賢明です。**

ハイレベルな絵本だってある

使われている言葉が全体的に平易で、文字が少ない本でも、描かれている内容は高いレベルということは多々あります。

以前、あるお母さんが小学校低学年の男の子に『ぼくがラーメンたべてるとき』という絵本を読み聞かせていたところ、ラストのシーンにお母さん自身が衝撃を受け、その後、高学年のお姉さんも交えていろいろと話しあったということを聞きました。見たところ非常に平易なこの絵本。しかし描かれているのは、「今自分がこうしているときに地球上のほかの国では何が起きているのか」という、非常に奥深いテーマです。すなわち、小さい子どものみならず高学年以上の子どもや、大人であっても十分鑑賞にたえる内容であったということです。

また、ウィリアム・スタイグの『きいろとピンク』などは、「人はどこから来たのか?」という根源的な問いを、2つの木のおもちゃを主人公にした寓話で描いた絵本。その不思議な雰囲気にひかれる子も多いですが、大人でも非常に深く考えさせられる内容の本です。「この寓話はそれを読む者が子どもであろうと大人であろうと関係なく、われわれ人間がいかにして存在するに至ったかという非常に哲学的で科学的な問いについて考えさせる」と、哲学者も評価しています（『哲学と子ども　子どもとの対話から』G・B・マシューズ／倉光修・梨木香歩訳／新曜社）。

逆に、見たところ文字も多くて厚い本であっても、いざ読んでみたら内容的には明らかに低学年レベルという場合の本が多々あるのも事実です。

具体的な書名を出すのは控えますが、一般的に子どもの間で一時のブームになりやすい「シリーズもの」の本や、映画やアニメが書籍化されたものに、このような類の本が多く見られます。

物語のなかでさまざまな出来事が起こってはいるものの、それらに必然性もなく、また人物の描き方もワンパターンで浅い。結局のところ、読み終わったあとに心に残るものが少ない、まさに「おやつ」的な内容の本というわけです。

「もう3年生になったんだから絵本は卒業ね」「高学年なんだからもっと厚い本」などとは、決して一概に言えないのです。子どもが読んでいる本が、本当にそのときの段階で読むにふさわしい、力のある内容のものなのかどうか。それは、お母さんがしっかりと見極める必要があります。

『ぼくがラーメンたべてるとき』長谷川義史著／教育画劇
『きいろとピンク』ウィリアム・スタイグ作／おがわえつこ訳／セーラー出版

3 社会に関心が向くきっかけになる本

子どもが大きくなってくると、特に男の子の中には「○○マン」や「○○レンジャー」など、「正義の味方が悪をやっつける」ヒーローもののテレビやゲームに関心を持つ子が増えてきます。

こうした単純な図式の「勧善懲悪」ものにばかり触れてしまうと、「悪いものはやっつければいい」という攻撃的な考え方が強まってしまうことは否定できません（もちろん一概に言えるものではありませんが）。

より詳細な研究が必要ではありますが、心理学の研究でも、「残酷シーンの多いテレビゲーム」よりもむしろ、「正義のヒーローが悪をやっつけるテレビゲーム」に触れた経験の多い子どものほうが、将来攻撃性が高まる傾向にあることが指摘されています（『子どもを取り巻くテレビゲームとインターネット―光と影―／『教育学研究』68（1）』坂元章著など）。

すなわち、そうしたメディアには子どもに暴力を正当化する意識を与えるかもしれないという、意外な落とし穴があるのです。

もし子どもがそのようなテレビ番組やゲームに関心を向け始めたら、その内容を大人の側がよく見極めて、「見せるのは2つまで」などと、ある程度のレベルまでは許容するのが妥当です。

実際、初期の『ウルトラマン』シリーズなどでは、単純な善悪の二元論では割りきることのできない、非常に奥深くて練られたストーリーも多くありました。

人類の宇宙開発によって怪獣化した人間「ジャミラ」や、安住の地を追われた海底人「ノンマルト」のエピソードなどを見て、「本当の正義とは?」「科学の進歩はどこに向かうべきか?」と考えるきっかけを得たお父さんも多いのではないでしょうか。

そうした、親子の対話や将来の考える種となるものも実際には多いというのは事実です。

仕事に思いを馳せるきっかけ本

高学年になって、原発問題を題材にした『夜の神話』や、環境破壊をテーマにした『HOOT』などにハマる子のなかには、子どものときにこうした「勧善懲悪ものではないヒーローもの」を、過度になりすぎない程度に見ていたという子が意外と多いものです。

また、これは静岡県で「百町森」という絵本とおもちゃの店を開いている柿田友広さんの提案ですが、主人公の「正義の味方」ではなく、**「乗り物」に関心が向かうよう仕向けるのも一案です**（『絵本屋さんがおすすめする絵本１００』）。

それによって、社会のなかで仕事をするという魅力、リアルに働いている「カッコいい大人」を感じることができるのです。

渡辺茂男『しょうぼうじどうしゃじぷた』や『とらっくとらっくとらっく』、バージニア・リー・バートン『いたずらきかんしゃちゅうちゅう』や『はたらきもののじょせつしゃけいてぃー』などは、その意味で特におすすめできます。

また、普段はなかなか見えない、**「何気なく身のまわりにあるものを支えてくれている人たち」に思いを馳せられる本もおすすめです。**

低学年であれば鈴木のりたけ『しごとば』シリーズ（ブロンズ新社）、中学年以降であれば福音館書店の月刊誌「たくさんのふしぎ」シリーズより『いっぽんの鉛筆のむこうに』などは、なかなかイメージしづらい「社会」というものを考え、それを支える人たちへの想像力や感謝の念を育むきっかけとなります。

そして、子どもがある程度の年齢になったら、ぜひ実感のこもった言葉で働くことの喜び、大変さを語ってあげてください。子どもの中で、本と実体験がどんどん結びついていきます。

『夜の神話』たつみや章著／かなり泰三絵／講談社
『HOOT』カール・ハイアセン著／千葉茂樹訳／理論社
『しょうぼうじどうしゃじぷた』渡辺茂男作／山本忠敬絵／福音館書店
『とらっくとらっくとらっく』渡辺茂男作／山本忠敬絵／福音館書店
『いたずらきかんしゃちゅうちゅう』バージニア・リー・バートン作・絵／むらおかはなこ訳／福音館書店
『はたらきもののじょせつしゃけいてぃー』バージニア・リー・バートン作・絵／いしいももこ訳／福音館書店

4 夏休みの自由研究のヒントになる本

動物をテーマにしたテレビ番組を作成したことがある柴田佳秀さんによる、『わたしのカラス研究』という魅力的な本があります。

「あなたがいちばんきらいな鳥は何ですか?」という質問に、ほとんどの人が「カラス」と答える。ゴミを散らかし、ときには人を襲い、色も黒くて不気味な印象のカラスは、たしかに多くの人にとって「嫌われ者」という存在です。

しかし、柴田さんはこう考えました。「そこにはなにか思いこみや偏見があるのではないか? 何か、私たちの知らないカラスの姿があるのではないか?」

柴田さんは、知っているようで知らなかったカラスの生態を、徹底して調べることにしました。すると、実に意外な事実が次々とわかってくるのです――。

この本には、「未知のものを追究する」プロセスが実に明快に描かれています。

筆者の柴田さんは、はじめに「多くの人の抱いているカラス像には偏見があるのでは？」と、問いを立てました。そして、それを解明するためにあらゆる角度から調査・研究をしていったのです。闇雲に片端から調べようとしたわけではありません。

すなわち、**なにかを追究するときは、はじめに「なぜ？」「それは本当？」「どうしてそう言える？」「もし〜ならどうなる？」などと、自分なりの視点で問いを立てることが大切**だということなのです。

フランス文学者で評論家でもある鹿島茂さんは、「良い論文とは《？》で始まり、《！》で終わる」と語っています。

つまり、いまだ解決していないものがあるところに自ら問いを立てるのが何より大切であり、次にそれに対して論理的に考えた筋道を示し、説得力のある結論を導きだしていくということです（もっとも、自分なりの視点で「良い問い」を見つけるのが実に難しいことでもあるのですが……）。

よく子どもたちが夏休みに出される自由研究などでも、この考え方を利用すればクオリティの高いものが期待できます。

子どもたちが読んだ本のなかで、不思議に感じたことや疑問に思ったことを「問い」、すなわち「?」にして、それを軸にして研究を進めていけばいいわけです。「問い」に答えられるような資料を集めたり、実験や観察を行ったり。そして最後に、みんなが納得できるような「!」の結論を出せれば文句なしです。

以下、本書のブックリスト「科学」の項目に載せた本から出される「問い」の例です。もちろん、ほかの項目で紹介している本も参考になります。

『ぼくからみると』から……動物たちから見た風景とはどのようなものだろうか?
『よわいかみ　つよいかたち』から……壊れにくい橋とはどんな形だろうか?
『フィボナッチ』から……身近なところにあるフィボナッチ数にはどんなものがある?
『砂鉄とじしゃくのなぞ』から……砂鉄の正体は何か?　どこでできたのか?
『みんなそれぞれ 心の時間』から……時間が早く過ぎると感じるのはどんなとき?
『ひとしずくの水』から……表面張力はなぜ起きるのだろうか?

『わたしのカラス研究』柴田佳秀著/さ・え・ら書房

column

「概念的葛藤」―子どもをあえて葛藤させる

イギリスの認知心理学者バーラインは、人の知的好奇心を刺激するには、適度な「概念的葛藤」が必要であると述べています。

たとえば、ある物事について自分がすでに知っていることと、新しく知った情報が矛盾していたり、内容的にくい違っていたりすると、私たちは疑問や驚きを感じます。

この疑問や驚きが「概念的葛藤」であり、好奇心の種となるものと言えます。

私はよく授業の冒頭で、子どもたちが一般的に知っているようなこととは、あえて矛盾するようなことを話して、注意をひくことがあります。ときには、まだ解決していないことや対立している説明などを提示することもあります。

そうすることで、「えっ、どうしてそうなるの?」「これは何だろう?」「よし、考えてみよう!」という、内発的なモチベーションを引きだすことができるのです。

科学などのノンフィクション本でも、これと同じことが言えます。あまりにも整った学問体系が述べられていたり、ただ知識が延々と羅列されていたりする本では、子どもたちの「知りたい!」という好奇心を刺激することはできません。

一方、「普通はこう言われているけど、実は……」「こういった、今でもよくわかっていない問題がある」「こんな反対の説もある」など、優れたノンフィクションは、適度に子どもたちを葛藤させます。

本選びの、ひとつのポイントです。

5 動物が出てくるおすすめの本

上野動物園の7代目園長であった中川志郎さんは、ビアトリクス・ポターの『ピーターラビット』シリーズを、生物学の優れた教科書として獣医や飼育員を志す学生たちにも読ませたいと語っていたといいます。

その理由は、登場する動物たちが、実際の生態にかなり忠実に描かれているということです。

作者のポターはもともとキノコの研究で生物学者をめざしていたほどのスペシャリストでしたが、女性の研究家が歓迎されなかったイギリス・ヴィクトリア時代の封建的な風潮のため、絵本作家として活躍するようになったという経歴があります。

自然を緻密に観察、記述するのはお手のもので、作品にも動物と人間の緊張感あるリアルなやり取りが数多く描かれています。

主人公ピーターのお父さんは、隣のマグレガーさんに「パイにされて食べられた」という設定ですし、追ってくる人間から動物が命からがら逃げるというエピソードがシリーズをとおしてあまた登場します。

子どもに読み聞かせると、柔らかいタッチのイラストとは裏腹に、実はかなりの子どもが「怖い！」と言って、ハラハラドキドキの逃走劇を、固唾を飲んで見守っています。

かつてイギリスの児童文学評論家マージェリー・フィッシャーは、動物の登場する物語で、克服しなければならない3つのポイントを、「3匹のドラゴン」という言葉で表現していました。

（1）不正確であるということ

（2）人間よりも下等なものであるということ

（3）センチメンタル過ぎるということ

たしかに子どもの本のなかには、動物がまるでおもちゃや人形のようにただただ「かわいらしく」描かれているものや、人間よりも知恵や力で劣った存在として見下されているもの、最後には死んでしまうなど、極端に感傷的に描かれているものなどが目立ちます。

そのような物語は、子どもの心の深いところにアピールするものになっていない場合がほとんどです。

子どもと動物は、そのような感傷や教訓などが入り込む余地がないような、同じ「生きるもの」としての非常に開かれた、対等な関係を持つことができます。

それは、子どもというものは大人以上に、まだ自分のなかに「自然的なもの」を多分に残しているからです。そして、**本当に力のある動物物語とは、そのような人間と動物との対等な関係を魅力的に描いたものであるといえるのです。**

『ピーターラビット』シリーズのほかにも、リダ・フォシェ『かわせみのマルタン』、ジェイン・ヨーレン『月夜のみみずく』などは、人間と交感する動物の姿を非常に美しく描いています。

高学年になれば、アメリカの博物学者アーネスト・トンプソン・シートンによる『シートン動物記』シリーズなどにもチャレンジしてもらいたいと思います。動物の生態描写が非常に正確で、人間と野生動物との関わりについて深く考えさせられる物語の数々。童心社から出ている版は、動物学者の今泉吉晴さんによる新訳。資料やQ&Aも充実していて、物語を味わうのに奥行きが生まれます。

また、『冒険者たち』『ガンバとカワウソの冒険』（斎藤惇夫）などは、擬人化された動物たちが登場するシリーズですが、薮内正幸さんによる挿絵は、動物たちが非常に精密に、美しく描かれています。
私は、小学4年生のときに初めて自分のおこづかいで買った本が『冒険者たち』でした。すり切れるまで何度も読んだのは、魅力的なストーリーに加えてこの挿絵の力によるところも大きかったように思います。

『ピーターラビット』ビアトリクス・ポター作・絵／いしいももこ訳／福音館書店
『かわせみのマルタン』リダ・フォシェ文／フェードル・ロジャンコフスキー絵／いしいももこ訳編／童話館出版
『月夜のみみずく』ジェイン・ヨーレン作／ジョン・ショーエンヘール絵／工藤直子訳／偕成社
『シートン動物記』アーネスト・トンプソン・シートン作／今泉吉晴訳／童心社
『冒険者たち』斎藤惇夫作／薮内正幸画／岩波書店
『ガンバとカワウソの冒険』斎藤惇夫作／薮内正幸画／岩波書店

6 読書よりも外遊びの好きな活発な子を夢中にさせる本

そもそも、子どもの時期に豊かな実体験を積むことは非常に大切です。さまざまな物を自分の目で見て、音を聞き、手で触り、感じ取る――。五感を通してさまざまな体験をすることは、その後の成長の段階でありとあらゆる能力に結びついていきます。

とはいえ、詳しくは第4章で述べていきますが、読書には読書ならではの身につく力が多いのもまた事実。

読書と実体験、どちらがより大切ということではなく、両方をバランスよく積み重ねていくのが肝要です。

外遊びのほうが好きな子のなかには、なかなか読書へ関心が向かない子もいます。特に男の子に多いのですが、「これ、読んでみない？」と声をかけても、「いいい！」と言って外に出ていってしまう。

そんなとき、無理やり読むことを強制させるのは逆効果。外遊びの時間はしっかり確保しつつ、あくまで楽しみのなかで本に触れさせていくのが望ましいのです。

活発なキャラクターが出てくる物語

このようなとき、私はストレートに、**その子と同じような活発なキャラクターの登場人物が出てくる物語を読ませるようにしています。**

たとえば、第1章でも紹介したジャック・ガントス『あくたれラルフ』などは、普段はあまり本を読まない活発な——もっと言ってしまうとやんちゃな——男の子のほうが、大声で笑いながら聞いています。

ほかにも、デイビッド・シャノン『だめよ、デイビッド!』、マンロー・リーフ『みてるよみてる』なども、ときにはゲラゲラ笑いつつ、ときにはじっくりとページを見つめながら読みます。かなり無茶をするキャラクターも出てくる本で、もしかしたら読みながら、「あっ、これって自分のことかも……」などと思っているのかもしれません。

常識破りのストーリー

　また、**常識破りのストーリー展開に触れさせて、そのエネルギーを実感させることもあります。**

　たとえば、矢玉四郎『はれときどきぶた』、ロアルド・ダール『アッホ夫婦』など。『子どもに語るアジアの昔話』に載っている「マハデナ・ムッタ」や「黄太郎 青太郎」などは、読み聞かせると腹を抱えて笑う子も出てきます。落語史の研究家としても活躍した六代目柳亭燕路さんによる『子ども寄席　春・夏』も、非常に人気です。

　そうやって、本を通した笑いで自分を発散させることで、「本って、おもしろいものなんだな」という意識を高めていくことが期待できます。

　さらに、これは高学年以降の子どもに特に多いのですが、男の子は概して女の子が主人公の話を読むことを避ける傾向があります（逆はそれほどでもありません）。

　私自身もそうでしたが、たとえば学校の教室で女の子が主人公の本などを読むのは、何となく気恥ずかしさを感じてしまい、まわりから「女々しいやつだ」と思われるのでは、という先入観はどうしてもありました。

　そんなときでも、声かけひとつでさまざまな本を読むようになるものです。

『あしながおじさん』はミステリー小説

たとえば、ジーン・ウェブスター『あしながおじさん』は、孤児院から出てきた女の子が主人公のロングセラー。「単なる少女小説」というイメージを抱いている子も多いのですが、実はこの物語は本格的な「ミステリー小説」。主人公に幾度となく手を差し伸べてくれる「あしながおじさん」なる人物は誰なのか、最後の最後で明らかになるという謎解きの話なのです（途中にさまざまな伏線が用意されています）。

しかも、ほぼ全編にわたって二人の手紙のやり取りだけでストーリーが構成されている、実に計算され尽くした筋書き。そのことを伝えると、男の子であってものめりこんで読みます。

ほかにも、緑川聖司『晴れた日は図書館へいこう』や重松清『くちぶえ番長』など、男子・女子、双方の魅力的なキャラクターが出てくる物語に触れると、「男が主役じゃないから嫌だ」という思いこみもなくなります。

『あくたれラルフ』ジャック・ガントス作／ニコール・ルーベル絵／いしいももこ訳／童話館出版
『だめよ、デイビッド！』デイビッド・シャノン作／小川仁央訳／評論社
『みてるよみてる』マンロー・リーフ作／わたなべしげお訳／学習研究社
『はれときどきぶた』矢玉四郎作・絵／岩崎書店
『アッホ夫婦』ロアルド・ダール著／クェンティン・ブレイク絵／柳瀬尚紀訳／評論社
『子どもに語るアジアの昔話』アジア地域共同出版計画会議企画／松岡享子訳／こぐま社
『子ども寄席　春・夏』六代目柳亭燕路作／二俣英五郎絵／日本標準
『あしながおじさん』ジーン・ウェブスター著／坪井郁美訳／福音館書店
『晴れた日は図書館へいこう』緑川聖司著／小峰書店
『くちぶえ番長』重松清著／新潮社

7 異文化理解に関心が向くきっかけになる本

以前、ある作家が文学賞の受賞スピーチで、次のような趣旨のことを言っていたと聞いたことがあります。

「子どもたちが幼い頃から、昔話や世界のさまざまな本を読むのは大切です。その子が大人になっても、世界中に友だちがいると感じられます。そしてそうなれば、その国と戦争をしたいとは絶対に思えなくなるでしょう」

私たちが生きる世界は実に多様で、ともするとお互いに譲れないものをもとに、ぶつかりあいになることもしばしばです。

そんなとき、お互いの差異を否定せずに受け入れ、認めようと努力できる姿勢を持てることは、これからの国際社会で非常に大切になってきます。

作家の上橋菜穂子さんや荻原規子さんは、イギリスの歴史作家ローズマリ・サトクリフの熱心な読者としても知られています。

大きな歴史の流れに翻弄され、もがき、それでもたくましく生きる人々の姿を魅力的なストーリーで描きつづけた作家。そこに描かれているのは、異なる価値観を持った人々が出会ったとき、どうやってともに生きていくのかという切実な問いです。

代表作『第九軍団のワシ』には、そのことを表した象徴的な言葉が出てきます。

「ふたつの異《こと》なる世界をへだてるはかりしれない距離《きょり》があるのだ。しかし、ひとりひとりの人間についていうなら、（中略）このへだたりはせばめることができ、そのへだたりを越《こ》え互《たが》いに触《ふ》れ合うことができるようになる。そしてそうなれば、以前にそのようなへだたりのあったことは問題でなくなるのだ。」（『第九軍団のワシ』）

なかなか読みごたえのある本ではありますが、『ともしびをかかげて』や『ケルトの白馬』などと合わせ、中高生以上になったらぜひチャレンジしてもらいたい本です。

世界の多様さを、豊富なイラストや写真で著した本に触れるのもいいものです。

小松義夫『地球生活記―世界ぐるりと家めぐり』『地球人記』は、世界中のありとあらゆる人、家など生活の様子を数々の写真で示した大判の写真集。見ているだけで、世界一周旅行に行った気分になれます。

世界の現状を知る一助にするという意味では、ユニセフ親善大使でもある黒柳徹子さんによる『トットちゃんとトットちゃんたち』がおススメ。戦争や内戦、飢餓、災害などで苦しむ国々の様子をレポートしたもの。2015年には、1998年から2014年までの活動を報告した続編が著されました。

想像を超える現状に、読んでいて言葉を失う子どもも少なくありません。しかし、決して目を背けてはならない現実を知り、なんらかの行動に移すひとつのきっかけとなり得る一冊です。

『第九軍団のワシ』ローズマリ・サトクリフ作／C・ウォルター・ホッジス絵／猪熊葉子訳／岩波書店
『ともしびをかかげて』ローズマリ・サトクリフ作／チャールズ・キーピング絵／猪熊葉子訳／岩波書店
『ケルトの白馬』ローズマリー・サトクリフ作／灰島かり訳／ほるぷ出版
『地球生活記―世界ぐるりと家めぐり』小松義夫著・写真／福音館書店
『地球人記』小松義夫著・写真／福音館書店
『トットちゃんとトットちゃんたち』黒柳徹子・田沼武能著／講談社

8 自分の生き方を見直すきっかけになる本

小学校の高学年から中高生になるにつれて、子どもは段々と自分自身の「生き方」に思いを馳せるようになっていきます。

それとともに、今の自分の力＝現実と、理想とする状態とのギャップに苛立ちも覚えはじめてくるものです。生き物として「親から巣立ちたい」と思うようになる時期にもなり、「自分はこれからどうなっていくのかな」と、漠然としたモヤモヤ感を常に感じるようになります。

そして心の奥底では、これからの自分を支えるなんらかの「指針」を求めます。

しかし、その時期というのは、大人に守られることが当然だった幼児期と比べて、大人からのもろもろの援助が受けられにくくなる時期でもあります。

いわゆる反抗期にもなってきて、家では「うるせーよ！」などと親に反抗するようにもなってきます（それは「巣立ち」のきざしでもあるのですが）。

そして親や先生からは、「もう大人なんだから」と思われ、幼児期のようにあれこれとやってもらえなくなります。

すなわち、誰かに無条件で支えられるのが当り前ではなくなり、自分から人生の指針となるものを得ていかなくてはいけないということ。中学生と授業の合間などに話していると、表面上は大人に反抗している素振りを見せながらも、実は自分の指針となるものを切実に求めていることが伝わってきます。

そんな、自分が生きていくことへの指針を見出せるような本が「一冊でも」あることは大きな支えとなります。

もちろんどんな本でもその「一冊」になり得るのですが、今の自分の生き方を見直し、未来への前向きな気持ちが湧きでてくるような物語に触れるのがベストです。

そんな事情を反映して、本書のブックリスト「命・生き方」の項目には、必然的に小学校の高学年以上向けのおススメ本を多く掲載しました。

梨木香歩『西の魔女が死んだ』や池澤夏樹『キップをなくして』、ナタリー・バビット『時をさまようタック』などのフィクションのほか、石川直樹『いま生きているという冒険』、南部ヤスヒロ『4コマ哲学教室』などのノンフィクションも、自分の生き方を見つめるきっかけとなる本としておすすめできます。

もちろん、低学年から中学年向けとして掲載した本も非常に奥深いものばかりです。

谷川俊太郎さん、長新太さんによる『わたし』は、言ってみれば社会学にもつながるような、自分と他者との関係性を表した本。「わたし」はお父さんやお母さんから見れば「娘」だけど、お兄ちゃんやお姉ちゃんから見たら「妹」、先生から見たら「生徒」、外国人から見たら「日本人」……などと、他者との関係によって自分の呼ばれ方＝社会的な役割が変化することを明快に示しています。

『西の魔女が死んだ』梨木香歩著／新潮社
『キップをなくして』池澤夏樹著／KADOKAWA
『時をさまようタック』ナタリー・バビット作／小野和子訳／評論社
『いま生きているという冒険』石川直樹著／イースト・プレス
『4コマ哲学教室』南部ヤスヒロ・相原コージ著／イースト・プレス
『わたし』谷川俊太郎文／長新太絵／福音館書店

column

人はなぜ勉強する？ 人はなぜ生きている？

以前、「今、自分はなんのために生きていると思うか」というテーマの作文課題を6年生に出したことがありました。

かなり抽象的であり、ひとつの絶対的な答えが存在しないようなテーマ。みんなしっかりと自分の考えを深められるかと、はじめは不安もありました。しかし、予想以上にさまざまな内容のものが出てきました。

「立派な人間になるため」「自分の夢をかなえるため」「家族を幸せにするため」……。なかには、「人類の未来に貢献するため」など、大きな夢を語った子もいました。

そんななかで、ひとりの男の子の書いたものが印象に残りました。

「自分は、まだ自分がなんのために生きているのかわかりません。でも、自分がなんのために生きているかということを考えるために、今生きているのかもしれないと思います」

文章自体はかなり粗削りだったのですが、要約するとそんな内容のものでした。

これを見て、「あぁ、この子は借り物の言葉ではなくて、しっかりと自分の言葉で考えているな」と思いました。

後日、その子に永井均『子どものための哲学対話』を貸しました。主人公の「ぼく」が、哲学的なネコ「ペネトレ」と、普段は当たり前だと思っている事柄について対話していくという内容の本。

何日か経って、私に本を返しに来たその子は、「ちょっと難しかった」と言いつつも、次の言葉が印象に残ったと言いました。


―人間って結局はなんのために生きているの？

―結局は、……遊ぶためさ。（中略）「遊ぶ」っていうのはね、自分のしたいことをして「楽しむ」ことさ。そのときやっていることの中だけで完全に満ちたりている状態のことなんだよ。（中略）学問は、本来、勉強なんかじゃないさ。この世でいちばん楽しい遊びなんだよ。

この言葉が、その子が成長していくそれぞれの段階で、ひとつの指針となっていくことを願っています。

『子どものための哲学対話』永井均著／内田かずひろ絵／講談社

第4章

豊かな読書体験がさまざまな力を育む

本は「読まなければいけないもの」ではないけれど……

私の生徒にもとても人気がある、『片目のオオカミ』や『カモ少年と謎のペンフレンド』などの作者でもある、フランスの文学家ダニエル・ペナック。

彼の著した、何とも愉快な気分になれる『奔放な読書』というエッセイのなかに、「読者の権利10カ条」なるものが記されています。

1. 読まない
2. 飛ばし読みする
3. 最後まで読まない
4. 読み返す
5. 手当たり次第に何でも読む
6. ボヴァリズム（小説に書いてあることに染まりやすい病気）

7. どこで読んでもいい
8. あちこち拾い読みする
9. 声を出して読む
10. 黙っている

なんと、第1条は「読まない」権利なのです！

誤解を恐れずに言えば、本とは決して「読まなければならない」ものではありません。子どもに読書をすすめる本でこんなことを述べるのも非常に逆説的ではありますが、読書は決して万能ではないということを認める、ある種の気持ちの面での軽さも必要なのです。

むしろ、大人の側が勝手に読書を子どもの「道徳的義務」にしてはならないと言えます。**子ども時代とは、「楽しさ」が非常に重要な意味を持つ時期。**大人の側が「この本を読ませよう」と、必要以上に意気ごめば意気ごむほど、読書はますます子どもたちから離れていってしまうでしょう。

実際のところ、本をあまり読んでこなくともその人なりの「よい人生」を送っている人もいれば、その逆に、多くの本を読んできたにもかかわらず、人としての道を誤ってしまった人も残念ながらたくさんいます。

ある意味、読書をしたからといって「立派な人間」になれると思いこみすぎないことが大切なのです。

「読書のための読書」になるのは避けるべきであり、**「いい本を読む」よりも、「いい人間になる」ことのほうがはるかに大切**なのは、言うまでもありません。

とはいえ、読書体験を豊かに積み重ねることで得られるものが多いというのも、また事実です。ほかのものではない、読書ならではの得るものがあるのもたしかなのです。

一体、それは何なのでしょうか?

以下に、9つの観点から述べていきます。

『片目のオオカミ』ダニエル・ペナック著/末松氷海子訳/白水社
『カモ少年と謎のペンフレンド』ダニエル・ペナック著/中井珠子訳/白水社
『奔放な読書』ダニエル・ペナック著/浜名優美・木村宣子・浜名エレーヌ訳/藤原書店

読書で身につく「9つの力」

1. 「知識」と「知恵」
2. 幅広い表現と「書き言葉」
3. 想像力
4. 記憶力・情報整理力
5. 多様な価値観
6. 他者との「つながり」
7. 自分の感情をコントロールする力
8. 自ら問いを立てる力
9. 自分の人生を肯定して生きる姿勢

9つの力
①

「知識」と「知恵」
——情報の拾い読みからでは得られないもの

「本は絶対読んだほうがいいわよ。だって、読めば物知りになれるでしょ?」

実際、子どもにこのような声がけをしているお母さんは多いのではないかと思います。

たしかにひと昔前までは、本を読むという行為には「知識を得る」という意味合いが強くありました。そんな時代では、子どもにも先のような声がけをすれば事足りていたのは事実です。

それが、現代ではインターネットなどの発達で事情が変わってきました。

「情報を素早く得る」ということであれば、分厚い本をわざわざめくって探すよりも、インターネットで検索したほうが、速く確実で手間がかからないのはたしかです。

しかし、インターネットで情報を得るという作業は、あくまでも断片的な情報の「拾い読み」にすぎません。自分が求める「一問一答式」の問いの答えを、ただ見つけさえすればいいというだけ。

ある程度以上の長さの物語を自分で読みきる、あるいは語りとして聞くことで得られるものは、そのような断片的な知識や情報だけではありません。

長いときを越えて受け継がれてきた、先人の知恵や生き方の姿勢。まだ見ぬ誰かからの力強いメッセージ。自分のこれからの生き方や、考え方の指針となるもの。この世界のあり様や、歴史のダイナミズム……。

「知識」だけでなく、時空を越えたこのような「知恵」も得ることができるのが、読書の大きな醍醐味のひとつなのです。

絵本というと、「子ども向け」というイメージもあるかと思いますが、私はよく小学校高学年や中高生にも絵本の読み聞かせをします。

内容を選べばそのような子どもでも――実は大人であっても――かなりの学びや気づきを得られる絵本は多いのです。

そのひとつに、塩が人類の歴史でどんな意味を持っているかということを描いた、『ＳＡＬＴ―世界を動かした塩の物語』という絵本があります。

「塩とは正式には塩化ナトリウムという。火がつきやすいナトリウムと、毒性の塩素が化学変化を起こしてできた物質である」

子どもたちは、まず冒頭のこの説明に「へー！」と驚きます。2種類のまったく異なる性質の物質が出合って、まったく新しい性質の物質ができるという化学変化の驚きのポイントを、実に明快に紹介したページです。

そして、天日干しや岩塩鉱など塩の採掘場の様子の説明や、ケルト人や古代ローマ人にとっての塩の意味、ガンジーによる「塩の行進」など、塩にまつわるありとあらゆる話が続きます。

この本一冊を読み終わった子どもたちは、塩に関する単純な知識を得るというよりも、むしろ「塩というものがどれだけ人間の歴史を動かしてきたのか」ということへの気づきを得て、塩にまつわる歴史上のさまざまな人間の思いを感じ取っています。「知識」だけでなく、力強い「知恵」を得ることができる。読書ならではのよさのひとつです。

『SALT―世界を動かした塩の物語』マーク・カーランスキー作／S・D・シンドラー絵／遠藤育枝訳／BL出版

9つの力②

幅広い表現と「書き言葉」――第三者との対話力

言葉の能力の発達という観点から見ると、**人の使う言葉は大きく「話し言葉」から「書き言葉」へと発達していきます**。

話し言葉とは、自分自身と目の前の相手だけにしかわからないような言葉のこと。言ってみれば、そのときの状況を共有している人同士だけが理解できる、「内輪の言葉」ということになります。

俗に「ウナギ文」という類の文章が話題になるときがあります。丸谷才一さんのエッセイ『ウナギ文の大研究』（『日本語ということば』収蔵）に詳しく述べられています。

たとえば、ある人が昼頃に食堂に入って「何になさいます？」と聞かれたとき、「ぼくはウナギだ」と言う。

この場合、もちろんこの人は「自分の正体はウナギです」と言ったわけではありませんね。「自分は今日の昼食で、ウナギのかば焼きを注文します」などという言葉を略して言ったにすぎません。

もしその場にいない人がこのセリフだけを聞いたら意味がまったくわからないでしょうが、「昼頃」の「食堂」という状況を共有している人であれば、問題なく意味が伝わります（ウナギ文のほかに、似たようなものとして「こんにゃく文」があります。「こんにゃくは食べても太らない」と言うべきところを、省略して「こんにゃくは太らない」と表現する文のことです）。

もちろん個人差はかなりありますが、概して小学校3、4年生くらいまでの子どもは、まだこのような話し言葉の段階にいると言えます。

読書で「言葉のプール」が広くなっていく

それが、だんだんとその場を共有しない人＝第三者にも正確に伝わるような、客観的な言葉づかいである「書き言葉」も習得していくようになります。子どもが成長してくるにつれて交友関係も広がっていき、見知らぬ人とも会話できるようになっていくのと同じです。

そして、その下支えとなるものが、誰にでも伝わる客観的な言葉づかいで書くことの意識的なトレーニングと、正しく美しい言葉で書かれた数々の良書に触れることなのです。
また、幅広い読書体験を積み重ねることによって、当然のことながらさまざまな言葉の表現を知ることができます。

言ってみれば、自分のなかの**「言葉のプール」が広くなっていく**というイメージです。さまざまな言葉を知ることによって、自分が頭のなかで考えている物事を的確に表現することができ、柔軟に思考できるようになります。

もちろん、その前提として豊かな読み聞かせ体験や、たくさんの人たちとの対話、おしゃべりの時間の積み重ねが必要であることは言うまでもありません。**話し言葉を充実させることで、書き言葉も充実してくるのです。**

余談ではありますが、いわゆる中学から大学までの入試で課せられる国語の記述問題とは、この書き言葉を高い厳密性をもって表現する力が問われているものと言えます。

以前、ある私立中学校の国語科の先生が、「課題文を読んでいない人でも、解答文だけを見て課題文の内容がわかるような文章が作れれば、間違いなく高得点が取れる」と言っていました。まさに、書き言葉の運用能力が問われているということです。

9つの力 ③

想像力
——見えないものをイメージする力

イギリスやアイルランドに伝わる民話の数々を収めた、『イギリスとアイルランドの昔話』という、読み聞かせにも非常に向いているロングセラーの本があります。

そのなかに、一風変わった妖精が登場する『トム・ティット・トット』という話があります。

怠け者の娘の代わりに糸をつむぐ仕事を引き受けた代償として、毎晩三度だけ自分の名前を当てさせ、ひと月後に当てられなかったら娘をさらってしまうという、ミステリアスな妖精。

「人間に名前を当てさせる異界のもの」という点で、日本昔話の『大工と鬼六』とも共通していますが、一度聞いたら忘れられない、ひたひたと迫りくるようなただならぬ雰囲気を持った話です。

子どもたちに読み聞かせると、特に最後の場面で迫ってくる妖精の気配にみな息をのんで聞き入り、ぴんと張りつめた緊張感が漂います。

以前、子どもたちに読み聞かせのあと、「物語を聞いて自分がイメージした妖精」をイラストで描いてもらいました。

燃える石炭のような赤い目、黒い体、ぐるぐる回る長いしっぽなど、話のなかで説明されていた妖精の特徴は一致していますが、皆それぞれのイメージでミステリアスな妖精を描いていて、なかなか楽しめました（次ページ参照）。

このように、**ある物語を耳で聞いたり、活字で読んだりすることは、自ずとそこに描かれているものを自分なりに頭のなかで映像に置きかえ、イメージ化することである**とも言えます。

幼い頃からたっぷりと良質の絵本に触れ、物語とイメージ（映像）を結びつける経験を積み重ねてきた子どもは、実感としてもこの「想像する力」が高いことが多いのです。

逆に言うと、文章をただ漫然と読むのではなく、頭のなかで具体的なイメージとして描くことができれば、その文章をスムーズに読むための一助になるということでもあります。

そもそも文章とは、作者が思い描いた何らかのイメージを言葉に置き換えて表したもの。

私たちは文字という媒体を通して、その背後にある、作者の伝えようとしていたイメージを読みとっているのです。

その意味でも、「読む」行為は受け身のように見えながら、極めて能動的な作業なのです。このような経験を積み重ねることで、**まだ目にしていないものや現実には起こり得ないことを、はっきりと想像する力が養われます。**

最近では、有名ファンタジーを原作にした映画も数多く作られるようになりました。なかにはかなり原作のイメージに忠実に作られたものもありますが、そちらばかりに偏ってしまうのは要注意！

先に述べたように、「読む」とは実はかなり能動的な作業であり、それなりの思考体力を使うもの。どうしても出来上がっている映像を見るほうが「楽」ではあります。

それに流されすぎてしまうと、自分なりにさまざまな物語世界を想像するという機会も減ってしまいますので、まずはたっぷりと読み聞かせ体験を積むことや、活字を読んでイメージする楽しさからしっかりと味わわせるのが先決です。

『イギリスとアイルランドの昔話』石井桃子編・訳／J・D・バトン画／福音館書店

9つの力④

記憶力・情報整理力
――「分ける」から「わかる」へ

ある程度の長さの物語を読み進めるには、登場人物や物語の背景、それまでに起きた出来事を頭に入れて、整理させる必要があります。

それができれば、知らず知らずのうちに「この話はこれからどうなっていくのだろう？」と予想し、自分なりに推理していくようにもなります。

すなわち、**あらゆる情報を記憶し、明快に整理しながら筋道を追う力がついてくるのです。**

そもそも、「わかる」という言葉の語源は「分ける」です。

頭のなかで、物語のなかに出てきたありとあらゆる情報を自分なりに「分けて」整理することで、その物語の全体が「わかって」くるのです（「解」という漢字も、「分解」＝「分けること」と、「理解」＝「わかること」の両方の意味で使われています）。

「分ける」力で学習効率アップ

この「分ける」力というのは、実は子どもが将来にわたって学習効率を上げるための、大きなポイントのひとつです。

「筆者の主張と、その根拠はなんだろう?」「形容詞と形容動詞の違いは?」「平安時代と鎌倉時代で、なにが変わったのだろう?」「この単元のポイントを3つにまとめるとどうなるかな?」「今自分がわかっていることと、わかっていないことはなんだろう?」など、あらゆる物事をシンプルに分けることができれば、ぐっと理解が進みます。

どんな物語でも、話が本格的に動き始めるのはある程度ページが進んでから。それまではひたすら自力で情報を整理しつづける必要があります。

読み聞かせのときでも、子どもたちはその作業を自ずと行っています。その意味でも、やはり読み聞かせによって物語を聞くということは決して受け身の作業ではないのです。

ただ、ライトノベルなど物語としての内容が薄いものや、映画やアニメの簡易小説版などだけでは、この力が伸びることは期待できません。

また、有名なタレントやスポーツ選手など著名人について書かれたエッセイ本などはたしかに人気がありますが、そのような本は、読む側もあらかじめよく知っている人について書かれているという場合が多いのではないでしょうか。すなわち、そのような本を読むとき、自分なりに新たな情報を整理しながら読み進めていくという作業は、頭のなかではほとんど行われていないと言えます。

幼少期からたっぷりと読み聞かせを続けてきた子どもたちには、ある時期を境にして、読みごたえのある本をぜひすすめていきたいものです。

column

三角ロジック

自分の考えを論理的に発信するための、「三角ロジック」という考え方があります。

もともとは主にディベートで使われてきた思考の枠組みで、自分が最も言いたい「**主張**」とその「**根拠**」、裏付けとなる「**具体例**」の3つを明確にさせるというものです（この3つはそれぞれ「クレーム」「ワラント」「データ」と呼ばれることもあります）。

たとえば次ページの図のように、「私はいちごが好きだ」と言うだけでなく、「なぜなら、甘くておいしいからだ」という根拠、「たとえば、昨年栃木で食べたとちおとめは非常においしくて忘れられない」などという具体例を挙げれば、より主張が説得力を増します。

これは、自分の考えを発信するときだけでなく、入試の論説文の読解問題などにも応用できます。

「この筆者が主張しているのはなにか？」「その根拠を述べているか？」「それを支える具体的な事例はなにか？」といったことを意識するだけで、本文の内容が明快になり、理解できるようになるのです。

まさに、「分ける」ことで「わかる」のです。

言ってみれば、「論理的」とはこの三つが明確になっていて、それらが矛盾なく結びついているということなのです。

日本人は以前より「議論が下手」「論理的でない」と指摘されることも多かったのですが、このようなポイントを意識するだけで、あらゆる場面で活用できる論理力が身につきます。

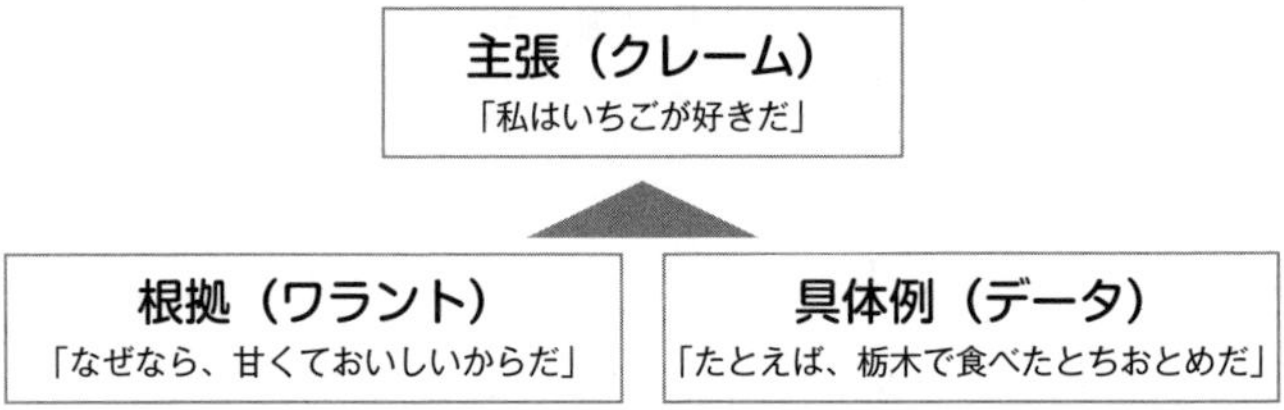
主張（クレーム）
「私はいちごが好きだ」
根拠（ワラント）
「なぜなら、甘くておいしいからだ」
具体例（データ）
「たとえば、栃木で食べたとちおとめだ」

9つの力⑤

多様な価値観
――自分を「外」から見てみると……？

「あのな、坊主《ぼうず》。国やしゃべる言葉がちがう人は、別の考え方をもっとることは知ってるか？　……（中略）……わしは、よその国の神話だからといって、それを頭から馬鹿《ばか》にするほど、馬鹿じゃない。どこの国の人でも、みな、気が遠くなるほど長い年月をかけて、この世のほんとうの姿となりたちを知ろうとしてきた」

2014年に国際アンデルセン賞を受賞した上橋菜穂子さんの代表作『精霊の守り人』のなかに、こんな印象的なセリフがあります。

上橋さんはオーストラリアの先住民族アボリジニを研究する文化人類学者でもあり、その作品はどれもが非常に緻密な世界観を持っています。

そして、根底にある大きなテーマのひとつに、「異なる価値観を持った者同士が出会ったときに、なにが起こるのか」という、現代社会にも通じる根源的な問いがあります。

国際化によってさまざまなバックグラウンドを持つ人同士が交流するのが日常的になり、戦争や紛争が絶えない現代社会を生きるにあたって、さまざまなヒントが得られるのです。

子どもたちが読む物語のなかでは、さまざまな登場人物の人生や生き様が描かれています。自分の人生は一度きりですが、多様な物語に触れることで、言ってみればたくさんの人生を生きることができます。

そしてそれをとおして、**「この世の中、世界には本当にたくさんの生き方や価値観があるんだ」という、気づきを得ることができます。**

読書という「旅」で自分を見つめる

読書とは、そのような多様な世界に触れられる「旅」のような体験なのです。

児童文学者の瀬田貞二さんも、「行きて帰りし物語」という言葉を使ってこのことを説明しています。

現実の日常からふわりと解きはなたれ、想像の世界でさまざまなレベルでの体験をし、またもとの現実に戻ってくる。

そして、「行く前」と「行った後」では、その子のなかで確実になにかが変わっているのです。

その体験は、**今の自分の生き方を相対化できる視点を得ることや、他者性を持って「外から」自分を見つめる姿勢**にもつながります。

子どもの読む力が一定以上のレベルとなったら、時には自分のものの見方や考え方、価値観が揺さぶられるような、スリリングな読書体験を積ませるのがいいですね。

『精霊の守り人』上橋菜穂子著／新潮社

9つの力⑥

他者との「つながり」
――どこかの見えない誰かとも

幼い頃に読んだ物語の主人公が、今でも折に触れて自分のなかにいきいきと現れてきて、「がんばれよ」「しっかりやれよ」と励ましてくれるように感じる経験は、多くの人がしているのではないでしょうか。

私自身は、小学生のときに初めて自分のお金で買った『冒険者たち』『ガンバとカワウソの冒険』に登場する主人公ガンバたちが、今でも事あるごとに自分の意識のなかに現れてくるという感覚を味わいます。

読書は孤独な作業だと思われがちですが、**本を読んで物語に触れることは、その物語に描かれている人たちや作者、現実を越えた世界にいる人たちとのつながりが生まれるということです。**

そのことに気づけた人にとって、人生とは決して孤独なものにはなりません。目には見えなくても、確実に自分とつながっている人たちが、いつでもともにいるという感覚は、大きな安心感をもたらしてくれます。

同じ本を好きなだけでつながりが生まれる

また、もっと直接的な意味で、ひとつの物語をほかの人と共有し、さまざまな「つながり」が生まれることは多々あります。

以前教室で、朝日小学生新聞の特集号をみんなで読みあったことがありました（２０１５年12月「ｂｏｏｋ」特集）。そこには、２０１５年に芥川賞を受賞した又吉直樹さんのインタビューも載っていて、「小さい頃は『おしいれのぼうけん』（ふるたたるひ）と『いやいやえん』（中川李枝子）を読んで空想の世界で遊ぶのが好きだった」ということが書かれてありました。

それを読んだひとりの生徒が、「えっ、俺と同じだ！」と嬉しそうな声をあげました。まだ会ったこともないような人であっても、共通の好きな本があるというただそれだけで、何とも言えない連帯感のようなものを感じることができるのです。

さらに、それは家庭での読書にも言えます。特に子どもが幼いときは読み聞かせがメインになりますが、読んであげたひとつの本を子どもが心から喜んだとき、子どもとの間に言いようもない温かな関係性が生まれたという実感を得ることができます。

実は読み聞かせの最大の効用のひとつとは、「大人が自分のために時間を割いて読んでくれている」という、満足感や安心感を得られるということ。家庭であれば、この「大人」とは当然「親」になるわけですが、子どもにとってのお話というのは、いつだって「親が語ってくれたお話」として記憶に残っていくのです。最近では名作童話を録音したＣＤなども売られていますが、これには語ってくれる人と子どもとの間で生まれるべき、生身の人間同士の温かい関係性が決定的に欠けています。

一冊の本をとおして、直接的にも間接的にもさまざまな「つながり」が生まれるのです。

余談ではありますが、私はよく、初対面同士の生徒が多いクラスの最初の授業では、全員のお気に入りの本を紹介しあってもらいます。そうすることで、お互いの距離感がぐっと縮まることが大いにあるからです。

『冒険者たち』斎藤惇夫作／薮内正幸画／岩波書店

『ガンバとカワウソの冒険』斎藤惇夫作／薮内正幸画／岩波書店

『おしいれのぼうけん』ふるたたるひ・たばたせいいち作／童心社

『いやいやえん』中川李枝子作／大村百合子絵／福音館書店

column

ブッククラブ

私が講師を務めるスクールＦＣでは、ある決まった物語をメンバーで読みあってさまざまな形態で議論する、「ブッククラブ」という授業を取り入れています。

もとは「リーディング・ワークショップ」という名で、主に欧米で一般的に行われている授業スタイルです。

この授業は、従来のように教科書に掲載された文章をみんなで読み味わい、教師がひとつの方向に考えを誘導していくオーソドックスな国語の授業とは一線を画します。

さまざまなスタイルがありますが、スクールＦＣでは主に、物語を読んで考えたさまざまな疑問をメンバーで共有し、自分たちの視点で議論して深めていくという進め方をしています。

「このとき、どうして主人公はこんなことをしたの？」「この終わり方はなにを意味するの？」「作者が伝えたかったことはなに？」など、子どもたちはあらゆる物語を自分なりの視点で読み、考えを深めることを日々楽しんでいます。

そして、みんなで真剣に議論することをとおして、お互いの心の結びつきも強めています。

以下は、これまで「ブッククラブ」で使用した本の一例です。どれも、読む人によってさまざまな読み取り、解釈ができる幅の広さを持った本です。

・『名前のない人』（クリス・ヴァン・オールズバーグ文・絵／村上春樹訳／河出書房新社）
・『漂流物』（デイヴィッド・ウィーズナー作／BL出版）
・『すきですゴリラ』（アントニー・ブラウン作・絵／山下明生訳／あかね書房）
・『きいろとピンク』（ウィリアム・スタイグ作／おがわえつこ訳／セーラー出版）
・『南の島のティオ』（池澤夏樹著／文藝春秋）
・『ニングルの森』（倉本聰作／黒田征太郎画／集英社）
・『世界を信じるためのメソッド』（森達也著／イースト・プレス）

（参考：『読書がさらに楽しくなるブッククラブ』吉田新一郎著／新評論）

9つの力 ⑦

自分の感情をコントロールする力
——実人生のシミュレーション

物語のなかで起きる出来事は、決していいことばかりではありません。主人公たちはさまざまなトラブルにも遭遇し、それに感情移入した読み手も一緒に「マイナス感情」を経験することになります。

絵本からある程度の長さの物語を読めるようになった子どもに私がよくすすめている、『ぬすまれた宝物』（ウィリアム・スタイグ）という本があります。

主人公であるガチョウのガーウェインは、王様の宝物を守る番人。ところが、ある日その宝物が何者かに盗まれてしまい、ガーウェインは無実の罪を着せられて苦しむことになります。

動物が主人公の話であるとはいえ、児童文学評論家の赤木かん子さんも著書『今こそ読みたい児童文学100』（筑摩書房）のなかで「ここに書かれている苦痛は本物です」と紹介している、一読忘れ難い物語。読んでいるうちに、「胸がふさがれるような思いを感じる」という子どもも少なくありません。

また、全編にわたって文字がなく、余分な描写を一切排除したデッサンだけでできている『アンジュール』（ガブリエル・バンサン）は、一匹の捨てられた犬が主人公。あるお母さんから、家でこの本を読んでいた3年生の男の子が、普段の様子からは考えられないくらい大粒の涙をこぼしながら読んでいたという話を伺ったこともあります。

不思議なことに、読者は笑いや幸福感などの快い感情を味わうためだけに本を読むわけではないのです。悲劇的なストーリーに涙したり、不条理な出来事に鬱々とした気分になったり、背筋も凍るような恐怖譚に触れてスリルを味わったり……。**私たちは、登場人物たちと一緒にあえてそのようなマイナス感情を疑似体験することを楽しみます。**

音楽療法でも、これとよく似た考え方である「同質の原理」というものがあります。聴く人の、そのときの気分に合った音楽を聴いてもらうことで、精神的に良い方向へ向かわせるという考え方です。悲しいときには悲しい気分の音楽を聴かせて、「わかってくれているんだ」という安心感を与える。そして、徐々に気分が前向きになれるような曲を聴かせるようにします。

逆に、悲しい気分のときにあまりにも明るい雰囲気の曲を聴かせると、歌詞やテンポに拒否反応を覚えてストレスを感じてしまうこともあるそうです。

つまり、一見すると逆説的ではありますが、**マイナスの感情が同じくマイナスの雰囲気を持ったもので浄化されるのです。**

マイナス感情との付きあい方を学ぶ

本を読むときも、読み手は主人公たちとともに喜怒哀楽取り混ぜてさまざまな感情を体験します。そして、たとえマイナスの感情を感じても、それを自分自身に投影させて、またそれを乗り越える快感を得ることができます。それを積み重ねれば、**将来自分の内部に生じる、諸々のマイナス感情と上手に付きあう術を学べる**のです。自分の実人生のシミュレーションというわけです。

子どもたちは、特に思春期以降、怒り、嫉妬、もどかしさなど、ありとあらゆるマイナス感情を体験することになります。そんなとき、物語の登場人物にどっぷりと感情移入してきた経験が、大きな支えとなるのです。

その意味でも、豊かな読書体験には、ゆくゆくはある程度以上の長さのものが必要となります。喜怒哀楽の感情を体験し、それを乗り越える快感を味わうには、すぐに読み終わってしまう短い話だけでは不十分なのです。書店によく並んでいる、「10分で読み終わる名作」シリーズや「名作のダイジェスト版」などだけでは、このような感情体験は到底得られません。もとの話をかなりの部分改変し、簡略化した映像化作品などの落とし穴も、ここにあると言っていいでしょう。また、学校で行われている「朝の10分読書」だけでは、時間的にとても足りません。

ぜひ、読書という間接体験でさまざまな感情を味わってもらいたいものです。

『ぬすまれた宝物』ウィリアム・スタイグ作／金子メロン訳／評論社
『アンジュール』ガブリエル・バンサン作／BL出版

column

児童文学に登場する「理想の大人」

ベストセラーとなった『生物と無生物のあいだ』『動的平衡』などを著した生物学者である福岡伸一さんは、子どものときにヒュー・ロフティングの『ドリトル先生』シリーズの熱心な読者だったことでも知られています。自身も『ドリトル先生航海記』を訳していて、そのあとがきに、このシリーズの魅力のひとつがドリトル先生の「フェアネス（公平さ）」であると語っています。

この本の冒頭における、語り手であるスタビンズ少年とドリトル先生の初対面シーン。スタビンズ少年は一見すると立派な紳士に冷たくあしらわれてしまいますが、ドリトル先生は決して彼を子ども扱いせず、ひとりの人間として対等に接します。

誤ってぶつかってきた彼に対して、「いや、きみも不注意だったが、わたしも不注意だった」とひと言。呼ぶときも、「小僧」や「トミー」などではなく「スタビンズくん」と、まるで大人の友人のように接します。このシーンを読んで、スタビンズ少年をうらやましく感じる子はきっと多いでしょう。

人間が動物と会話するという魅力的な設定に加えて、ドリトル先生のこんな公平さに満ちたキャラクターも、長きにわたってこのシリーズが子どもの心をつかんできた理由なのでしょう。

「フェアネス」という点でいえば、エドワード・アーディゾーニによる『チムとゆうかんなせんちょうさん』（福音館書店）に登場する船長さんや船乗りたちも忘れられません。船乗りになりたい主人公チムは、みんなに内緒で船に乗りこみ、見つかって甲板掃除を命じられますが、だんだんと船員たちから認められる存在となっていきます。「よくやったな」「なかなかやるじゃないか」という彼らのさりげない労いの言葉には、チムを子どもではなく、ひとりの「男」として認めていることが感じられます。

物語の終盤、嵐に巻きこまれてまさに沈没しようとする船に取り残されたチムと船長さん。荒れ狂う海に対峙して、船長さんが傍らのチムに語るせりふが印象的です。

「なくんじゃない。いさましくしろよ。わしたちはうみのもくずときえるんじゃ。なみだなんかはやくにたたんぞ。」

そこに描かれているのは、まさしく二人の冒険者の姿。この本はまだ読書慣れしていない高学年の子に読ませることも多いのですが、ほぼ全員がこのシーンを読んで「カッコいい……！」とつぶやきます。

「理想の大人」とはなんなのかという答えはもちろん人によってまちまちですが、「対子ども」という点で考えると、子どもを「子ども扱い」しない——福岡さんの言葉を借りれば「フェアネス」を持った——大人であるというのが、たしかなひとつの答えとなります。

自分にとっての「理想の大人」に、ページを開けばいつでも出会えること。それも、読書のたしかなよさのひとつです。

『チムとゆうかんなせんちょうさん』エドワード・アーディゾーニ作／せたていじ訳／福音館書店

9つの力⑧
自ら問いを立てる力
──「答える力」よりも「問う力」

「本は、1冊読んだらすべてわかったつもりになる。しかし、10冊読んだらだんだんわからなくなってくる。そして、100冊読んだらますますわからなくなってくる」

こんな逆説的な、しかしなんとも言い得て妙な名言を、以前どこかで聞いたことがあります。

さまざまな物語体験を積んでいくうちに、子どもたちは「今、ここ」の現実を越えたところにあるあらゆる世界、人の生き方、価値観に触れることになります。

そんななかで、ときにはまったく正反対の、対立する価値観や考え方にぶつかるときもあります。

たとえば、世界の昔話のなかには、「努力すれば成功できる」というメッセージを持つものもあれば、「努力というよりはちょっとした偶然や出会いで人の運命が左右される」と描いているものもあります。

あるいは、単純に善悪を判断できない問題や、相反する主張をしているものも多々あります。

読めば読むほど、世界の一筋縄ではいかない複雑さや奥深さに気づき、今自分が一体なにをわかっているのかもわからなくなってくるという、スリリングな体験。

それはまるで、訪れたことのない異国の地を、地図のない状態でさ迷い歩くような感覚です。

しかし、むしろそうしたところから「この問題はどう考えるべきか？」と、自分なりの視点で「問いを立てる」ようになっていきます。それを積み重ねることで、「では、自分はどう考え、行動し、生きていけばいいのか」ということを、無意識のうちに考えることにもつながっていくのです。

少し前から、大学の卒業論文などでも自分で研究テーマを決められない人が増えているという話をよく聞くようになってきました。誰かから問題を与えられ、それに解答する訓練だけをくり返してきた人が陥りがちなケースです。

そもそも、この世の中はわからないことや、未解決の「グレーゾーン」だらけであると言えます。**そこに自分なりの視点で問いを立て、粘り強く追究していく姿勢こそが、「現実**

を力強く生きる力」なのです。

そこには、誰かから指示が与えられるのを待っていたり、与えられた問題に解答するだけで満足したりするような、受け身な生き方はありません。

「わからないこと」を恐れない、また「簡単な答えを出してわかったつもりにならない」、主体的な生きる姿勢です。

9つの力 ⑨

自分の人生を肯定して生きる姿勢

——自分の人生という「物語」をつくる

「この地上は、かつては天国だったこともあるそうだ。なんでも、できないことはないいんだ。

この地上は、もう一度、天国になれるはずだ。できないことなんて、ないいんだ」

（エーリッヒ・ケストナー『点子ちゃんとアントン』）

決して世の中の「いいこと」ばかりを描く物語だけではないにしろ、結局のところ豊かな物語体験をとおして得られるのは、**「この世界が生きるに値するところだ」という確信**であると言えます。

私たちの生きているこの現実は、ときにどうしようもなく厳しく、どうしようもなく不条理なことも起こります。そして、そこに生きる人たちの生き方は実に多様で、無数とも言えるほどの価値観があります。

だからこそわからないことも多い、しかし、だからこそ人生やこの世界はおもしろいのです。

豊かな読書体験をとおしてそのことに気づけた子どもたちは、この不確かなものの多い現実の世界でも、自分の人生を肯定しながら前向きに、そしてたくましく生きていく力を得るでしょう。

認知心理学の分野でも、人は物語を自分なりの視点で読み解くことをとおして、現実世界も主体的に読み取れるようになっていくことが説明されています。

現実世界はひとつしかないように見えても、読み取り方によって多様な意味を持ちます。そして、それを読むときに、その人なりの「視点」が関わってくるのです。

たとえば、多くの人にとって「りんごが木から落ちる」のはありふれた出来事にすぎませんが、科学者ニュートンにとっては万有引力を導きだすための意味を帯びました。

人は現実を生きるうえで、身のまわりの世界を自分なりの視点で主体的に意味づけているのです。そして、その意味づけされたものが、その人だけの「物語」になるとも言えます。

すなわち、**人生とは自分自身が「主人公」になり、自分だけの「物語」を作って生きる**

ということにほかなりません。

本を読み、そこからたくさんのことを自分なりの視点で読み取った子どもたちは、今度は自分が生きる現実の世界に戻ってきて、まわりの世界を意味づけようとします。

そうして出来上がった自分なりの意味、解釈、説明が、ほかならぬ自分だけの「人生の物語」になるのです。

本の世界への旅で得た「まなざし」を持って、現実の世界での行動や問題解決につなげ、自分の人生のストーリーを主体的に生きていくこと。それが、豊かな読書体験をとおして得られる大きな恩恵です。

「きょう、わしたちは生きている、しかしあしたになったら、きょうという日は物語に変わる。世界ぜんたいが、人間の生活のすべてが、ひとつの長い物語なのさ」

（I・B・シンガー『お話を運んだ馬』）

『点子ちゃんとアントン』エーリッヒ・ケストナー作／池田香代子訳／岩波書店
『お話を運んだ馬』I・B・シンガー作／工藤幸雄訳／岩波書店

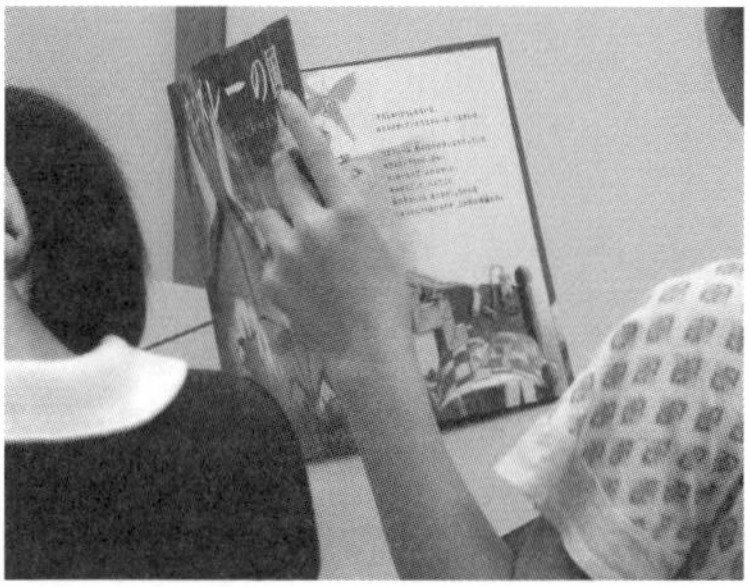

子どもを本好きにする10の秘訣

これまでに述べてきたことをもとにして、子どもが生涯にわたって本を「心の友」にするための、家庭でできることを10の項目に分けて記していきます。

ただし、これらに過度にとらわれて、あまりに強制的な雰囲気になる必要はありません。読書はあくまで「楽しみ」こそがカギだということを忘れないように！

1．日々、子どもとたっぷり会話しよう

「文字の文化」ではなく「声の文化」に生きる子どもは、大人からの語りかけをたっぷりと経験することで精神が豊かに、そしてたくましくなっていきます。日々、子どもとの生身の言葉のやり取りを楽しみましょう！

2．毎日、テレビやラジオを消した静かな時間を、ある程度は作ろう

物語世界に浸るには、静かで落ち着いた環境が必要。テレビをつけることを当たり前にせず、毎日ある程度は静かな時間を作り、子どもを本の世界への旅へと誘いましょう！

3. 自然な声音で読み聞かせをしよう

読み聞かせに、過剰な演出は無用。淡々と、しかし心をこめて読み、子どもと物語世界に浸ることを楽しみましょう！

4. 「ご飯の本」と「おやつの本」のバランスを大切にしよう

基本的には、ベストセラー以上にロングセラー。ときを越えて読みつがれてきた、「次につながる」力のある本に多く触れましょう。ただし、ときには気晴らしで読めるような軽い読書もよし。あくまでもバランスを大切に！

5. ときには子どもの選択も尊重しよう

誰しも「コマ」より「指し手」になることを求めるもの。常に上から目線で「ためになる本」を無理強いされると、気持ちが本から遠ざかっていきます。ときには子どもの選択を尊重する覚悟も必要！

6．家族で図書館や本屋に行こう

意識的に、家族で図書館や本屋に行く機会を増やしましょう。そうすることで、本が生活のなかに自然と入りこみ、子どもたちに身近なものとなります。子どもの誕生日や何かの記念日などには、「本を2冊買う作戦」などもおススメ！

7．現実と結びつけよう

現実が読書を強くし、読書が現実を強くします。「これはあの本にあったことだね！」と言葉にしてあげるだけで、子どもたちは本の世界と現実世界の結びつきを感じることができます。子どもたちにたくさんの体験をさせ、読書と結びつけていきましょう！

8．絵や音楽、伝統芸能など、ほかの芸術にも触れさせよう

優れた本のなかに描かれているものは、ほかの多くの芸術とも根底ではつながっています。あらゆる芸術にも触れてさまざまな形の「美しさ」を感じ取り、精神の冒険へと繰り

出してください。そうすることで、表層的な「感傷」ではない、身のまわりのあらゆるものに目を見張ることのできる「感受性」が身につきます。

9．感想を無理に聞き出さないようにしよう

子どもが本当に物語に感動したときは、すぐには言葉で表せないもの。本当に自分にとって大切にしたいものは、じっと胸のなかにしまっておくのもいいものです。読み終わったあとの、幸福感に包まれた豊かな沈黙の時間を大切に！

10．まずは大人自身が楽しもう

「子どもにこれを読ませよう！」と意気ごむ前に、まずはお父さん、お母さんが子どもの本を読んでみてください。本当に豊かな、おもしろい世界が広がっています。大人が本を楽しむ姿が、なによりも子どもに強く影響します。

冒険・ファンタジー

子どもを変える厳選 291 冊

私たちの生きるこの現実とは実に多層的であり、見方によってさまざまな意味を帯びてきます。また、どこまでいっても言葉で説明しきれない、しかしすべての人にとって普遍的な「なにか」を奥底に抱えこんでいます。

「ファンタジー」とは言ってみれば、言葉ではうまく言い表せず、目にも見えない世界の普遍的な真実を、物語という形式で表現したものです。

その意味で、ファンタジーとは決して子どもだましの「絵空事」でもなければ、現実からの逃避でもありません。むしろ、人が現実世界に立ち向かい、本当の意味で豊かに生きるためのきっかけとなるものなのです。

子どもの頃からたくさんのファンタジーに触れ、空想の世界でさまざまな冒険を経験することで、現実を力強く生きていくエネルギーを得られます。

80 かいじゅうたちのいるところ

- モーリス・センダック作
- じんぐうてるお訳
- 冨山房

ある夜、マックスは家で大暴れしてママに怒られ、夕飯抜きで寝室に閉じこめられます。すると部屋のなかに森や海が現れ、マックスは「かいじゅうたちのいるところ」へと旅に出ます。一時期「怪獣の姿が子どもに悪影響を与える」と賛否両論でしたが、今や世界中の子どもたちに支持されるロングセラーに。幻想的な「かいじゅう踊り」の場面は、子どもの豊かな世界観を表しています。

「幼稚園生のときに初めて読みました。かいじゅうたちの表情や、毛の一本一本などがこまかく描かれていて、迫力があると感じたのを覚えています」（小５女子）

81 赤い目のドラゴン

- アストリッド・リンドグレーン文
- イロン・ヴィークランド絵
- ヤンソン由実子訳　●岩波書店

ある日、「私」の家のブタ小屋で、一匹の赤い目をしたドラゴンが子ブタと一緒に生まれました。私たちはドラゴンを世話して、ドラゴンはだんだんと大きくなっていきますが……。子どもたちと別の世界から来た存在との不思議な交流を、詩情あふれる文と繊細なイラストで描いた、リンドグレーンの隠れた傑作。

「最後のシーンがとても感動的です。夕日をあびて飛び立つドラゴンの姿が印象に残っています」（小５女子）

82 めっきらもっきら　どおんどん

●長谷川摂子作　●ふりやなな画
●福音館書店

遊び友達を探して神社に来たかんたは、大声ででたらめな歌を歌い、ご神木の根元の穴に吸いこまれます。そこにいたのはおばけの３人組。かんたはおばけたちとさまざまな遊びをしますが……。「向こう側の世界」が日常と地続きのところにあることが実感できる、日本発の傑作ファンタジー。

「小さいときに読みましたが、今読んでもとてもおもしろい！　主人公が３人のおばけといろいろな遊びをするシーンが好きです」（小５女子）

83 ゼラルダと人《ひと》喰《く》い鬼《おに》

●トミー・ウンゲラー作
●たむらりゅういち・あそうくみ訳
●評論社

森に住んでいる少女ゼラルダは、料理が得意。ある日町へ行く途中、子どもたちをさらって食べるおそろしい鬼と出会います。ゼラルダは鬼に自慢の料理を作ってあげることになりますが……。ウンゲラーお得意のブラックユーモアにあふれた、怖いけれどおもしろいストーリー。

「最後のシーンの絵に、ちょっとびっくり！」（小３女子）

84 くんちゃんのだいりょこう

●ドロシー・マリノ文・絵
●石井桃子訳
●岩波書店

クマのくんちゃんは、冬に南へ向けて渡りを始めた鳥たちを見て、自分も遠い南の国へと旅したくなります。ところが、家を出るたびに忘れ物をしたことに気づいて……。誰の心にもある「どこか遠くへ行ってみたい」気持ちを描き、共感を呼びます。子どもの冒険を温かく見守るお父さん、お母さんの存在も非常に印象的。

85 ぼくはめいたんてい　きえた犬のえ

●マージョリー・W・シャーマット文
●マーク・シーモント絵　●光吉夏弥訳
●大日本図書

86 あひるのピンのぼうけん

●マージョリー・フラック文
●クルト・ヴィーゼ絵　●まさきるりこ訳
●瑞雲社

87 でんでら竜がでてきたよ

●おのりえん作　●伊藤英一絵
●理論社

88 馬のゴン太旅日記

●関屋敏隆文・版画　●島崎保久原作
●小学館

89 月《つき》おとこ

●トミー・ウンゲラー作
●たむらりゅういち・あそうくみ訳
●評論社

月に住んでいる月おとこは、地球の人たちと仲間になりたいと思っていました。ある日、流れ星のしっぽにつかまって地球にやってきた月おとこでしたが、パニックになった人たちによってろうやに入れられてしまいます—。読み終わって月を見るときに、この主人公を思い出すかも。

「月おとこがちょっとかわいそう。でもとてもおもしろいです！」（小２女子）

90 旅《たび》するベッド

●ジョン・バーニンガム作
●長田弘訳
●ほるぷ出版

ジョージーの新しいベッドは、見るからにおんぼろ。ところが、「このベッドがあれば、どこへでも旅ができます」と書いてあるのを見たジョージーは、お祈りの文句を唱えてあらゆるところへと旅に出ます。「自分だけの魔法の言葉を見つければ遠くへ行ける」というセリフがいつまでも胸に響きます。

91 さむがりやのサンタ

●レイモンド・ブリッグズ作・絵
●すがはらひろくに訳
●福音館書店

クリスマスの日の朝。目覚まし時計に起こされたサンタのおじいさんは「やれやれ、またクリスマスか！」とつぶやき、忙しく準備を始めます。トナカイたちにご飯をあげ、自分も朝食をとり、プレゼントの荷物を運び……。文句は多いけどどこか憎めないサンタの一日を、コマ割りで表現。

「子どものときに海外出張から帰った父からのプレゼントで読みました。サンタがまわる世界中の町の風景は、今でも不思議と印象に残っています」（小１男子父）

92 チムと ゆうかんなせんちょうさん

●エドワード・アーディゾーニ作
●せたていじ訳
●福音館書店

93 いたずらきかんしゃ ちゅうちゅう

●バージニア・リー・バートン文・絵
●むらおかはなこ訳
●福音館書店

94 ぼくのロボット大旅行《だいりょこう》

●松岡達英作
●福音館書店

95 おしいれのぼうけん

●ふるたたるひ・たばたせいいち作
●童心社

96 リンドバーグ 空飛ぶネズミの大冒険

●トーベン・クールマン作
●金原瑞人訳
●ブロンズ新社

1912 年、ドイツのハンブルクにいた知りたがりの小ネズミは、人間のしかけた罠や天敵から逃れるため、飛行機を作って自由の国・アメリカをめざすことに。勇気あるネズミと一緒に冒険しているかのようなリアリティーを感じられ、2015 年に世界中で大ヒットした一冊。圧倒的な臨場感です。
「飛行機を飛ばす苦労がわかりました。最後の、空からニューヨークの町を見下ろすシーンが印象的です」（小 4 男子）

97 漂流物《ひょうりゅうぶつ》

●デイヴィッド・ウィーズナー作
● BL 出版

海辺で遊んでいたひとりの少年が、どこかから流れついた不思議な古いカメラを拾います。少年はさっそくフィルムを現像しますが、そこに写しだされていたものを見て、少年は息をのみます……。一切文字を使わず、精緻なイラストのみで展開していくストーリー。どこまでも想像が広がる、圧巻の世界観です。『かようびのよる』や『セクター 7』などもおすすめ。

「文字がないから、逆に読むのが難しい。でも、自分なりに読みとけておもしろい！」（小 6 女子）

98

♥♥

名前のない人

●C・V・オールズバーグ絵・文
●村上春樹訳
●河出書房新社

季節が夏から秋へと移ろうとしていたある日、ベイリーさんの農場に、記憶を失った不思議な男がやってきます。いったい彼の正体は？ 「色彩の魔術師」と評されるオールズバーグの繊細なイラスト、現実と空想が入り混じったかのような不思議なストーリー、村上春樹氏の訳文センスが光る、珠玉の一冊。同じ作者による『西風号の遭難』『ゆめのおはなし』『ジュマンジ』『魔法のホウキ』などもあわせておすすめ。

99

♥♥

黒ねこのおきゃくさま

●ルース・エインズワース作　●山内ふじ江絵
●荒このみ訳
●福音館書店

冬の嵐の晩、やせた一匹の黒猫が、ひとり暮らしの貧しいおじいさんの小屋にやってきます。おじいさんは黒猫になけなしのミルクとパン、羊肉を与え、温めてひと晩泊めてやります。そして、静かに奇跡は起こります。『こすずめのぼうけん』などで有名なイギリス人作家による、冬の日に読むのにうってつけの一冊。挿絵も非常に美しい。

100

♥♥

ハンカチの上の花畑

●安房直子作　●岩淵慶造絵
●あかね書房

郵便配達員の良夫さんが酒蔵のおばあさんから預かったのは、菊の花からおいしいお酒を作ってくれる小人の一家が住む、不思議なつぼでした。メルヘンチックなタイトルとは裏腹なミステリアスな物語で、幕切れの余韻がいつまでも心に残ります。同じ作者による『天の鹿』、短編集『夢の果て』などもあわせておすすめできます。
「3年生のとき、約束を破った良夫さんはこの後どうなっちゃうんだろう？とドキドキしながら読んだのを覚えています」（小6男子）

101

♥♥

ちびっこカムのぼうけん

●神沢利子作　●山田三郎絵
●理論社

北の果てに暮らす男の子カムは、病気の母さんのために、火の山にあるイノチノクサを求めて旅に出ます。北海道やカムチャッカなど、北国の伝承をもとにした、読みやすいけれども壮大なスケールの物語。昔話にたくさん触れてきた子どもが、ひとり読みの入り口として選ぶことも多い一冊。

102 ♥♥ こちょうめのおばけやしき

●木暮正夫作　●渡辺有一絵
●岩崎書店

家出したタツヤは、ふとしたことから「おばけやしき」として知られている２丁目の空き家に泊まることに。そこで出会ったものは？　ちょっと怖いけれども心温まるストーリー。「時の流れとともに失われゆくもの」が描かれていて、単純な怪談ものとは一線を画します。

「こわい話が好きな人におすすめ。でも、とても感動的！」（小６男子）

103 ♥♥ 黒ねこサンゴロウ１ 旅のはじまり

●竹下文子文　●鈴木まもる絵
●偕成社

ひとり旅の好きな少年ケンは、特急電車のなかで出会った不思議な黒ネコ・サンゴロウとともに、失われたうみねこ族の宝を求めて旅に出ます。主人公たちと一緒に、日常からふわりと冒険の旅に出ているかのようなワクワク感を覚えるシリーズ。何より、サンゴロウの格好良さが印象に残ります。

「ぼろぼろになった地図だけを頼りに、危険なところへ行って冒険する主人公たちが格好良いと思いました」（小４男子）

104 ♥♥ 大力のワーニャ

●オトフリート・プロイスラー作　●大塚勇三訳
●堀内誠一絵
●岩波書店

お百姓の末息子ワーニャはたいへんな怠け者でしたが、不思議な老人の予言に従い、７年もの歳月をかまどの上で寝て暮らすことに。しかし、そのおかげで大力を授かり、人々を苦しめる怪物や魔女と戦いながら、皇帝の冠をめざして旅に出ます。『クラバート』など本格ファンタジーで有名な作者が、ロシア民話をもとにして描いた躍動感あふれる冒険物語。

106 ♥♥ ひとりでいらっしゃい

●斉藤洋作　●奥江幸子絵
●偕成社

105 ♥♥ エルマーのぼうけん

●ルース・スタイルス・ガネット作
●ルース・クリスマン・ガネット絵　●わたなべしげお訳
●子どもの本研究会編　●福音館書店

108 ♥♥ 魔女がいっぱい

●ロアルド・ダール作　●清水達也・鶴見敏訳
●クェンティン・ブレイク絵
●評論社

107 ♥♥ フレディ　世界でいちばんかしこいハムスター

●ディートロフ・ライヒェ作
●しまだ・しほ絵　●佐々木田鶴子訳
●旺文社

109 ♥♥♥ アライバル

●ショーン・タン著　●小林美幸訳
●河出書房新社

移民として異国へやってきたひとりの男の日常を、まるでサイレント映画のようにセピア調のイラストだけで表現した絵本。生と死、文化、戦争、社会、絶望と希望——。読む人によってさまざまなメッセージを導き出せます。世界各国で29の賞を受賞した傑作グラフィック・ノベル。

「思わず引きこまれました。ひとつひとつの絵から、登場人物たちの声が聞こえてくるような不思議な感覚を味わいました」（小４男子父）

110 ♥♥♥ クロニクル　千古の闇①　オオカミ族の少年

●ミシェル・ペイヴァー作　●さくまゆみこ訳
●酒井駒子絵
●評論社

舞台は紀元前4000年。巨大なクマの姿をした悪霊に父を殺された少年トラクは、子オオカミのウルフとともに「精霊の山」を探す旅に出ます。太古の闇の時代を舞台に、過酷な運命に立ち向かう少年とオオカミの冒険を描いた、壮大なスケールのシリーズ。章によってオオカミの視点から見た世界も描かれていて、ものを見る視点、言葉への関心も喚起されます。

「まるで映画を見ているような臨場感。徹夜して最後まで一気に読んだので、次の日学校に遅れました……」（中２男子）

111 ライオンと魔女 ナルニア国ものがたり〈1〉

♥♥♥

● C.S. ルイス作　●ポーリン・ベインズ絵
●瀬田貞二訳
●岩波書店

ペベンシー家の４人きょうだいは、古いクローゼットから氷の女王が支配する国、ナルニアへ。そこでさまざまな住人と出会いながら、正義のライオン・アスランとともに想像をこえる戦いをくり広げます。物語の随所に旧約聖書を思わせる場面もある、ファンタジーの最高傑作のひとつです。

「中１のときに読みました。読み終わったあとも誰にも話さずに、『自分だけの大切な一冊』にしたかったという記憶があります。それくらい、深い感動をもたらしてくれました」（小１女子父）

112 クローディアの秘密

♥♥♥

● E.L. カニグズバーグ作
●松永ふみ子訳
●岩波書店

家出をした少女クローディアは、弟とともにニューヨークのメトロポリタン美術館へ。２人はそこでこっそりと生活することになりますが、館内のミケランジェロ作とされている天使の像の秘密を、自分たちで解き明かしてみようとします。「世界の不思議を解き明かしたい」という好奇心が刺激される一冊。出版後は、本当にメトロポリタン美術館で寝泊まりしようとした子どもたちが多発し、警備が強化されたとか。

113 はてしない物語

♥♥♥

●ミヒャエル・エンデ作　●上田真而子・佐藤真理子訳
●ロスヴィタ・クヴァートフリーク装画
●岩波書店

内気な少年バスチアンは、古本屋で見つけたあかがね色の本を読み始めます。そこには、何もかも飲み込んでしまう「虚無」によって滅亡の危機に陥った国・ファンタージエンのことが書かれてあり、やがてバスチアン自身も果てのない冒険をくり広げていきます。現実世界と物語の世界を文字の色を変えて交互に描き、『モモ』と並んでさまざまな寓意性に満ちた、壮大なスケールのファンタジー。

「バスチアンがファンタージエンに行くシーンで、自分も本のなかに入りこむような感じがしました」（小６女子）

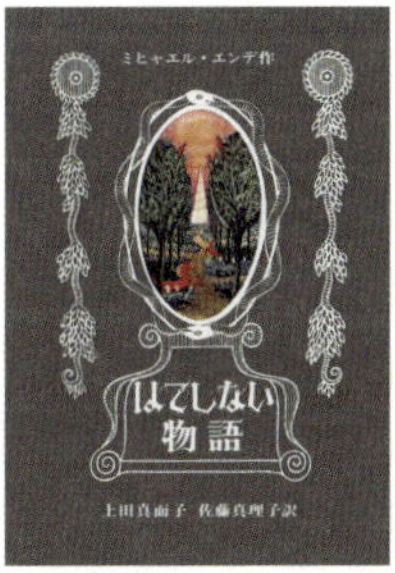

114 トムは真夜中の庭で

♥♥♥

●フィリパ・ピアス作　●高杉一郎訳
●スーザン・アインツィヒ絵
●岩波書店

夏休み、トムははしかにかかった弟から離れるため、おばの家に預けられます。ある夜、階下の大時計が 13 回鐘を打つのを聞き、窓の外にあるはずのないヴィクトリア朝時代の庭園が広がっているのを目にしたトムは……。ときが流れても失われない人の心のつながりを描いた、英国タイムファンタジーの傑作。

115 ギヴァー　記憶を注ぐ者

●ロイス・ローリー作
●島津やよい訳
●新評論

一切の争いや苦痛、不便を除去したコミュニティーに住む少年ジョナスは、人類の記憶を受け継ぐ「レシーヴァー」に任命されたことを機に、人間として生きることの意味を探ります。近未来を舞台にしたSF仕立てでさまざまなテーマを描き、映画化もされた作品。今を生きるあらゆるヒントに満ちています。

「現代社会にも通じるあらゆるテーマが描かれていると感じました。私の『子ども向けの本』のイメージを変えた一冊です」（小５女子父）

116 空色勾玉《そらいろまがたま》

●荻原規子作
●徳間書店

舞台は、神々がまだ地上を歩いていた上代の日本。村娘の狭也（さや）は15歳になった祭りの日の夜、鬼そっくりの人たちから、自分が闇の一族の巫女「水の乙女」であることを知らされます。そして、国家統一を図る「光」と、それに抵抗する「闇」の戦いに巻きこまれていきます。緻密な物語設定と心躍るストーリー展開が話題を呼んだ、日本発の本格歴史ファンタジー。

117 二分間の冒険《ぼうけん》

●岡田淳作　●太田大八絵
●偕成社

６年生の悟は、不思議な黒ネコ「ダレカ」に導かれて異世界へと入りこみ、そこで「この世界で一番たしかなもの」を探す冒険をくり広げます。謎を出す竜との息づまる対決など、読者をぐいぐいと引っ張っていく力のあるストーリー。悟が探していたものに気づく、ラストのシーンは非常に感動的。

「悟たちが竜と戦う場面が特におもしろかったです。自分もこの本を読んで、大冒険をしてみたいと思うようになりました！」（小４女子）

118 狐笛《こてき》のかなた

●上橋菜穂子著　●白井弓子絵
●理論社

人の心の声が聞こえる「聞き耳」を持つ少女小夜（さよ）は、ある日の夕暮れ、この世とあの世の境目である「あわい」に棲む霊狐・野火を助けます。そして、隣り合う二つの国の争いと、古からの呪いの渦に巻きこまれていきます。懐かしさを感じる日本の美しい情景を背景に、相手をひたすらに信じつづける主人公たちの姿が胸に迫る珠玉の物語。

「『精霊の守り人』や『獣の奏者』も好きだけど、個人的にはこの話が一番お気に入りです。最後のシーンがとても感動的！」（小６女子）

119 ♥♥♥ 冒険者たち　ガンバと十五ひきの仲間

●斎藤惇夫作　●薮内正幸画
●岩波書店

ドブネズミのガンバは、イタチのノロイ一族によって危機に陥った島ネズミたちを救うため、仲間とともに夢見が島へ。圧倒的な力を持つノロイ一族との戦いの行く先は？　広い世界への冒険心を掻き立てるロングセラーです。

「小学生のときに読み、高学年になった娘にもすすめました。必死に戦う主人公たちの姿を通して、人としてどう生きていくべきかを考えてもらえればと思います」（小５女子母）

120 ♥♥♥ 鬼の橋

●伊藤遊作　●太田大八画
●福音館書店

妹を亡くした少年・篁（たかむら）は 、妹が落ちた古井戸から冥界へ迷いこみ、そこで死んだはずの征夷大将軍・坂上田村麻呂と出会います。一方、片方の角を折られた鬼の非天丸は冥界から人間の世界へとやって来て……。平安時代の実在の人物、小野篁の伝説を題材にしたミステリアスな歴史ファンタジー。

121 ♥♥♥ 空へつづく神話

●富安陽子作　●広瀬弦絵
●偕成社

122 ♥♥♥ 南の島のティオ

●池澤夏樹著
●文藝春秋

123 ♥♥♥ 精霊《せいれい》の守《も》り人

●上橋菜穂子作　●二木真希子絵
●偕成社

124 ♥♥♥ 獣《けもの》の奏者《そうじゃ》

●上橋菜穂子著
●講談社

125 ♥♥♥ 木かげの家の小人たち

●いぬいとみこ作　●吉井忠絵
●福音館書店

126 ♥♥♥ だれも知らない小さな国

●佐藤さとる作　●村上勉絵
●講談社

127 ♥♥♥ とぶ船　上・下

●ヒルダ・ルイス作　●ノーラ・ラヴリン絵
●石井桃子訳
●岩波書店

128 ♥♥♥ 影との戦い　《ゲド戦記 1》

●アーシュラ・K. ル＝グウィン作
●清水真砂子訳
●岩波書店

129 ♥♥♥ ホビットの冒険

●ジョン・ロナルド・ロウエル・トールキン作
●瀬田貞二訳　●寺島竜一絵
●岩波書店

130 ♥♥♥ 夕暮れのマグノリア

●安東みきえ著
●講談社

column

ファンタジーの本に登場する名言集

絶対《ぜったい》にファンタージエンにいけない人間もいる。いけるけれども、そのまま向こうにいきっきりになってしまう人間もいる。それから、ファンタージエンにいって、またもどってくるものもいくらかいるんだな、きみのようにね。そして、そういう人たちが、両方の世界を健《すこ》やかにするんだ。

ミヒャエル・エンデ『はてしない物語』
上田 真而子・佐藤 真理子訳／
岩波書店

たいせつなことはね、目に見えないんだよ……

サン＝テグジュペリ『星の王子さま』
内藤濯訳／岩波書店

だれかを崇拝《すうはい》したら、ほんとの自由《じゆう》はえられないんだぜ。

トーベ・ヤンソン『ムーミン谷の仲間たち』山室静訳／講談社

なぜ、と問うてもわからないなにかが、突然《とつぜん》、自分をとりまく世界を変えてしまう。それでも、その変わってしまった世界の中で、もがきながら、必死に生きていくしかないのだ。だれしもが、自分らしい、もがき方で生きぬいていく。まったく後悔《こうかい》のない生き方など、きっと、ありはしないのだ。

上橋菜穂子『精霊の守り人』新潮社

ひとは、けっして、幸せになるために生きているんではないってことだよ。そんなものは、自分でそう思うかどうか、それだけのことなのだよ。ただただ、深く感じとるために生きているってことだよ。

斎藤惇夫『哲夫の春休み』岩波書店

だからね、若いきょうだい、きみも来たまえ。時は待っていないし、南の国は、きみをよんでいるのだ。
二度と帰らない時がいってしまわないうちに、冒険《ぼうけん》してみるんだな！
ただ戸を一つしめて、陽気に一歩《ぽ》ふみだせば、それでいいんだ！
古い生活にかわって、新しい生活がはじまるのさ。

ケネス・グレーアム『たのしい川べ』
石井桃子訳／岩波書店

家族・人間関係

子どもは家族や友だちとのぶつかりあい、何らかの葛藤体験をとおして、だんだんと相手を許して受け入れる姿勢や、自分の感情をリセットする術を学んでいきます。

とはいえ、現実の体験では感情が爆発して、なかなか自分を言葉で客観視することができません。

そこで、読書という間接体験をとおして、それを実感するのです。

この項目には、主人公が人間関係において何らかのトラブル、事件に遭遇し、それを乗り越えていく過程が描かれている物語が多くあります。読む人は主人公に自分を同一化させながら、想像のなかで主人公と一緒に悩み、悲しみ、それを乗り越えていく快感を得ることができるのです。

物語体験は実体験のシミュレーション。ぜひ、これらの物語の世界にどっぷりと浸り、自分のさまざまな思いを感じてもらいたいと思います。

131 ロバのシルベスターとまほうの小石

●ウィリアム・スタイグ作　●せたていじ訳
●評論社

ロバの子シルベスターは、なんでも願いがかなう魔法の小石を手に入れます。ところがライオンに出くわし、とっさに「岩になりたい」と願ってしまいます。帰ってこないシルベスターを心配して、あちこち探しまわるとうさんとかあさん。そして無情にもときは流れていき……。ロバの親子が再会するまでを描いた、スタイグの感動作。
「最後の場面では、不覚にも読んでいる私のほうが泣いてしまいそうでした」(小２女子母)

132 きつねのホイティ

●シビル・ウェッタシンハ作　●まつおかきょうこ訳
●福音館書店

きつねのホイティは、ごちそうが食べたい一心で人間に変装し、村へやってきました。だまされたふりをしてごちそうを出してあげた３人の気のいいおかみさんでしたが、ホイティに馬鹿にされ、三度目には愉快な仕返しをすることに……。大らかな雰囲気が漂う、スリランカの絵本。同じ作者による『かさどろぼう』『ねこのくにのおきゃくさま』もおすすめです。
「小さいときによく読みました。３人のおかみさんは、かしこくてとても優しいと思いました！」(小６男子)

133 からす たろう

●やしまたろう文・絵
●偕成社

みんなからのけ者にされている少年ちびは、友達ばかりか先生からも無視され、「できない子」扱いされています。しかし、新任教師によって隠れた才能が見出され、それが開花していきます。誰の心にもある、他人に先入観を抱いてレッテルを張り、阻害する心理が巧みに描かれています。最後の学芸会の場面は非常に感動的。自分がまわりの人を見る目を考えなおすきっかけとなる作品です。

134 しあわせの石のスープ

●ジョン・J・ミュース作・絵
●三木卓訳
●フレーベル館

旅をしていた３人のお坊さんが、ある村を訪れました。そこには、戦争や災害ですっかり心がすさんでしまった人たちが住んでいました。ところが、お坊さんたちが「石のスープを作る」と聞き、村人たちは鍋のまわりに集まってきます……。類似の話は世界各地に伝わりますが、この話は中国を舞台に描かれました。分かち合うこと、心をつなげることのすばらしさが感じられる一冊です。

135 こうえんで…4つのお話

●アンソニー・ブラウン作
●久山太市訳
●評論社

傲慢な婦人、失意の男、寂しげな少年、元気いっぱいの女の子――。公園に４人の人々が集まり、ひとつの出来事をそれぞれの視点から語り始めます。視点やそのときの心情によって、見える風景も変わることを魅力的に表現した傑作絵本。『すきですゴリラ』や『どうぶつえん』など、この作者の絵本はさまざまな遊び心としかけに満ちたものばかりです。

「大人になっても、自分と他人の考え方の違いに戸惑うことは多々あります。でもこの本を読んで、何かが心にすとんと落ちた気がしました。子どもだけでなく、大人にもおすすめできます」（小２女子母）

136 あくたれラルフ

●ジャック・ガントス作　●ニコール・ルーベル絵
●いしいももこ訳
●童話館出版

137 きみなんか だいきらいさ

●ジャニス・メイ・ユードリー文
●モーリス・センダック絵　●こだまともこ訳
●冨山房

138 ピーターのいす

●エズラ・ジャック・キーツ作
●きじまはじめ訳
●偕成社

139 はじめてのおつかい

●筒井頼子作　●林明子絵
●福音館書店

140 百まいのドレス

●エレナー・エスティス作　●ルイス・スロボドキン絵
●石井桃子訳
●岩波書店

貧しい移民の少女ワンダは、「自分は百まいのドレスを持っている」と言ったため、学校でからかわれてしまいます。マデラインは、よくないことだと思いながらも、なにもできずにだまって見ていました。疎外される側だけでなく、疎外する側の心の苦しみも繊細に描いたロングセラー。石井桃子氏が『百まいのきもの』を50年ぶりに改訳したものです。

141 きのうの夜、おとうさんがおそく帰った、そのわけは……

●市川宣子作　●はたこうしろう絵
●ひさかたチャイルド

あっくんのお父さんは、いつも帰りが遅い。理由をたずねるあっくんにお父さんが語る、不思議な話の数々。大なまずに子守唄を歌ってあげたり、迷子の雷の子を空に送り届けたり――。「もしかしたら、本当にこんなことが起きるかも」と思えてくる、現代のおとぎ話。絵本から少し長めの本が読めるようになった子に、お父さんが読み聞かせるといいかも。

「お父さんが帰ってこない理由を、子どもが想像して考えていくのがとてもおもしろいです」（小５男子）

142 ピトゥスの動物園

●サバスティア・スリバス著　●スギヤマカナヨ絵
●宇野和美訳
●あすなろ書房

病気になった仲間のピトゥスを救うため、動物園を作って資金を集めようと奔走する子どもたち。それはやがて、町をあげての一大イベントへと発展していきます——。夏のバルセロナを舞台にくり広げられる、子どもたちの友情物語。スペインの子どもたちの圧倒的な支持を得ている一冊です。

143 ラモーナとおかあさん

●ベバリイ・クリアリー作　●アラン・ティーグリーン絵
●松岡享子訳
●学研

感受性の鋭い女の子ラモーナがくり広げる、愉快な事件の数々を描いたシリーズの一冊。お母さんとのちょっとした気持ちのすれ違いが描かれていて、世界中の子どもたちの共感を得ています。「ヘンリーくん」シリーズと合わせ､訳者の松岡さんは「児童心理学の本を何冊も読むよりも、このシリーズを読んだほうがずっと子どもの気持ちがわかる」と語っています。

144 雨やどりはすべり台の下で

●岡田淳作　●伊勢英子絵
●偕成社

一郎たちと同じアパートに住む雨森さん。彼にまつわる不思議な話の数々が、複数の子どもたちの視点から語られます。静かなストーリー展開のなかに、人の持つたしかな温かさが感じられる短編集。

「絵もとてもきれいで、主人公たちがすべり台の下で雨宿りをしながら話しあっている情景が、印象に残っています」（小6男子）

146 くまのパディントン

●マイケル・ボンド作　●ペギー・フォートナム画
●松岡享子訳
●福音館書店

145 霧のむこうのふしぎな町

●柏葉幸子作　●杉田比呂美絵
●講談社

148 ぬすまれた宝物

●ウィリアム・スタイグ作
●金子メロン訳
●評論社

147 またたびトラベル

●茂市久美子作　●黒井健絵
●学習研究社

149 エーミールと探偵たち

●エーリヒ・ケストナー作　●ワルター・トリヤー挿絵
●高橋健二訳
●岩波書店

エーミールは、ベルリンに住むおばあちゃんにお金を届けるためにひとりで汽車に乗りますが、怪しい男に大切なお金を盗まれてしまいます。エーミールはベルリンの町で出会った少年たちと協力して、犯人を探しだそうとしますが……。テンポの良い筋立てが魅力の、ケストナーの代表作。冒頭の部分で物語のもとになったいくつかのイラストを紹介するなど、心憎い仕掛けにも満ちています。

150 晴れた日は図書館へいこう

●緑川聖司作　●宮嶋康子絵
●小峰書店

本好きの少女しおりが近所の図書館で遭遇する、本にまつわる事件の数々。解き明かされるのは人の持つ隠れた悪意や温かさという、実は本格派のミステリー。続編の『ちょっとした奇跡』もあわせておすすめです。また、ポプラ社から出ている文庫版には書下ろしの短編も収録。

「夢中になって読みました。事件が解決するときはスカッとするし、事件が解決したあとの話もおもしろいです！」（小6女子）

152 一瞬の風になれ　（1）イチニツイテ

●佐藤多佳子著
●講談社

151 ゆめみの駅遺失物係

●安東みきえ著
●ポプラ社

154 さすらいの孤児ラスムス

●アストリッド・リンドグレーン作
●エーリック・パルムクヴィスト絵　●尾崎義訳
●岩波書店

153 楽隊のうさぎ

●中沢けい著
●新潮社

155
ドリーム・ギバー 夢紡ぐ精霊たち

●ロイス・ローリー作　●西川美樹訳　●酒井駒子装画
●金の星社

主人公リトレストは、人々の記憶を集めて幸福な夢を紡ぎ、人々に届ける若き「ドリーム・ギバー」。指導役のエルダリーと一緒に、毎晩ひとり暮らしのおばあさんに楽しい夢を贈っていましたが、ある日おばあさんの家にひとりの乱暴な男の子がやってきて……。『ギヴァー　記憶を注ぐ者』の作者による、夢見ること、希望を持つことの美しさを描いた物語。

156
12 歳たちの伝説

●後藤竜二作　●鈴木びんこ絵
●新日本出版社

舞台は学級崩壊を起こし、何人もの先生に見捨てられて「パニック学級」と呼ばれている６年１組。それでも、本当は誰もが元に戻るチャンスを欲しがっていました……。何人かの子どもの視点で語られるストーリー展開に、登場人物たちの本気の言葉のぶつかりあいが胸に迫ります。『天使で大地はいっぱいだ』や『キャプテン』シリーズでも有名な後藤竜二さん（2010 年に逝去）による、渾身のシリーズ。

157
秘密の花園

●フランシス・ホジソン・バーネット作　●堀内誠一画
●猪熊葉子訳
●福音館書店

インドで裕福な家に生まれたものの、孤児となったわがままな少女メリー。イギリスの田舎に住む叔父の屋敷に引き取られたメリーは、閉ざされた秘密の庭を見つけて徐々に心を開いていきますが、ある夜、屋敷のどこからか聞こえてくる子どもの泣き声を聞き……。人の心の再生を美しく描き、時代や国境を越えて愛されるロングセラー。
「最初は心を閉ざしていたメリーが、庭の手入れをしていくうちに心を開いていくところが印象的です」（小５女子）

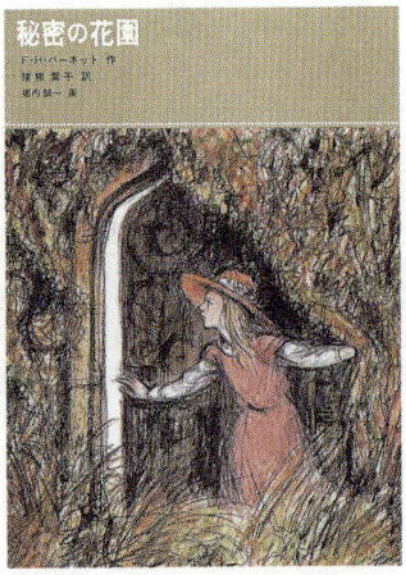

159
思い出のマーニー

●ジョーン・G・ロビンソン作
●ペギー・フォートナム絵　●松野正子訳
●岩波書店

158
マチルダは小さな大天才

●ロアルド・ダール作　●クェンティン・ブレイク絵
●宮下嶺夫訳
●評論社

161
飛ぶ教室

●エーリヒ・ケストナー作　●ワルター・トリヤー絵
●高橋健二訳
●岩波書店

160
くちぶえ番長

●重松清著
●新潮社

column

読書感想文にうってつけの本

186ページにも紹介した「ブッククラブ」で使用する本と並んで、この「家族・人間関係」の項目で紹介した本のなかにも、読書感想文に向いている本が多くあります。

その理由としては、登場人物たちがストーリーのなかでさまざまな葛藤体験をしているということ。

一人一人がさまざまな体験をして、ときにはぶつかりあい、ときにはトラブルに見舞われることをとおして、あらゆる感情が描かれています。それはつまり、読む人が感情移入、自己同一視がしやすい内容であるということです。それに対して自分の意見を書くのは、比較的容易なはずです。

具体的なおすすめの方法としては、「もし自分が○○だったら」と、仮定してみることです（54ページに掲載した「ブックトーク」下書きシートにも、このポイントが入っています）。

たとえば、ウィリアム・スタイグの『ぬすまれた宝物』を使う場合、「もし自分が主人公のガーウェンだったら、犯人扱いされて法廷に連れてこられたとき、どう思うか？」「逆に、もし自分が真犯人だったら、物語のような状況になったらどうするか？」などを、自分の体験などと絡めて書けばいいわけです。

うまくいけば、これだけで原稿用紙1枚半くらいは書くことができます。

以下、この項目のリストにある本以外で、これまで子どもたちが読書感想文を書きやすいと感じた本を紹介します。

- **『ごきげんなすてご』**（いとうひろし／徳間書店）
- **『おばけになったアサガオのたね』**（日比茂樹／偕土文化）
- **『チロヌップのきつね』**（たかはしひろゆき／金の星社）
- **『うさぎ屋のひみつ』**（安房直子／岩崎書店）
- **『魔術』**（芥川竜之介／講談社など）
- **『亮太』**（江國香織／新潮社）

最後の『亮太』は、もとは『新潮現代童話館』という児童文学のアンソロジーに入っていた短編。この本は、残念ながら今は品切れとなってしまったので、図書館で探してもらえればと思います（この『新潮現代童話館』、非常に読みごたえのある魅力的な短編が数多く入っているアンソロジーなので、復刊を強く希望します！）。

生き物・自然

世界的に活躍している科学者のなかには、幼い頃に身近にあるちょっとした自然に触れて一体感を感じ、科学の世界に関心が芽生えたと語る人がたくさんいます。『キュリアス・マインド―ぼくらが科学者になったわけ』（ジョン・ブロックマン編／ふなとよし子訳／幻冬舎）という本には、そんな数々のエピソードが紹介されていて興味深いです。

そう、科学する楽しさを養うには、何も遠くにある「大きな自然」でなくとも、身のまわりにある「小さな自然」でも十分可能なのです。

都会から自然がなくなって久しいとは言われますが、ちょっと目を凝らせば、また耳をすませば、都会のなかにも豊かに息づいている生き物の営みを感じることができます。

そこに必要なのは、一見すると見えにくい自然の営みを、しっかりと見て感じ取れる視点を養うこと。

ここに挙げたのは、そんな視点を養う一助になる、生き物や自然を魅力的に描いた本です。

162 サリーのこけももつみ

- ロバート・マックロスキー文・絵
- 石井桃子訳
- 岩波書店

サリーはお母さんと山へコケモモをつみに行きます。同じ頃、山の反対側には母グマと子グマがいて、同じように冬に備えてコケモモを集めます。そしていつの間にか、お互いの子どもが入れ替わってしまい……。どこまでも広がる美しい山野をバックに起こる、ちょっとしたサスペンス。子どもと動物との間の開けた関係、親子のつながりをユーモラスに描いています。同じ作者による『かもさんおとおり』『海べのあさ』『すばらしいとき』もおすすめです。

163 ふゆめがっしょうだん

- 冨成忠夫、茂木透写真
- 長新太文
- 福音館書店

「みんなは／みんなは／きのめだよ」。落葉した木の枝に見られる、小さな冬芽の数々。よく見ると、どれも顔に見えてきます。笑った顔、怒った顔、コアラやピエロのような顔……。冬芽をアップでとらえた写真に、長新太さんによる温かく、ユーモラスな詩が添えられた写真絵本です。

「家の庭にも、こんな顔みたいな芽が生えた木がありました！　よく探してみたら、けっこうたくさんあっておもしろかったです」（小５男子）

164 わたしとあそんで

●マリー・ホール・エッツ文・絵
●よだじゅんいち訳
●福音館書店

朝露が光る野原。「わたし」はバッタに「あそびましょ」と声をかけますが、バッタは逃げていってしまいます。その後かえる、かめ、りすにも話しかけますがみんなに逃げられ、わたしは仕方なく池のそばに腰を下ろします。すると、だんだんと動物たちが集まってきて……。『もりのなか』で有名なエッツによる、子どもと自然との交流を描いた「ぞっとするほどの美しさ」を感じさせる絵本。

165 みどりの船《ふね》

●クェンティン・ブレイク作
●千葉茂樹訳
●あかね書房

おばあちゃんの家で過ごす、ちょっと退屈な夏休み。ぼくとお姉ちゃんは、偶然潜りこんだお屋敷の庭で、緑色の「船」を見つけます。想像することのすばらしさを感じた子どもたちの、忘れられないひと夏の思い出を描いた感動作。夏のむっとするような草いきれ、鮮やかな緑など、情景がいつまでも印象に残ります。

166 かわせみのマルタン

●フェードル・ロジャンコフスキー絵　●リダ・フォシェ文
●いしいももこ訳編
●童話館出版

森の静かな川のほとりに住む、一羽のカワセミ。そのくらしや結婚、子育て、死を追いつつ、川岸の生き物たちの生態描写も織り交ぜながら、ときを越えて受け継がれていく生命の営みを詩情豊かに描きます。正確な自然観察にもとづきながら、静かな感動を与える稀有な絵本。

「絵本にしては長いけど、小さいとき何度も読んでいました。絵もきれいで、自分も自然のなかにいるような気分になれます」(小５男子)

168 たべられるしょくぶつ

●森谷憲文　●寺島龍一絵
●福音館書店

170 はなをくんくん

●マーク・シーモント絵　●ルース・クラウス文　●きじまはじめ訳
●福音館書店

172 はるにれ

●姉崎一馬写真
●福音館書店

167 よあけ

●ユリー・シュルヴィッツ作・画　●瀬田貞二訳
●福音館書店

169 ピーターラビットのおはなし

●ビアトリクス・ポター作・絵
●いしいももこ訳
●福音館書店

171 アンジュール ある犬の物語

●ガブリエル・バンサン作
● BL 出版

173 オールド・ブルー —世界に１羽の母鳥—

●メアリ・テイラー作
●百々佑利子訳
●さ・え・ら書房

ニュージーランド本島から東に1000キロメートル離れたチャタム諸島。そこに棲む黒色ロビンは、人間の侵入によって絶滅寸前の危機に。最後の５羽のうち、年老いた母鳥オールド・ブルーが奇跡的に卵を産み始めます……。１羽の母鳥から100羽を繁殖させることに成功した人々の記録と、オールド・ブルーの一生を平易な文章と精緻なイラストで表した科学絵本です。

174 かえるふくしま

●矢内靖史作
●ポプラ社

「カエルの目にこの世は、どのように映っているのだろうか？」

原発事故以後の福島県内で撮影された、数々のカエルの写真を収めた写真集。彼らのまなざしからは、とてもひと言では表せないさまざまなメッセージが読み取れます。報道写真からだけではわからない、今の日本の現実と失われつつある自然の姿、前向きに生きようとする人々の思いが胸に迫ります。作者は福島県内で活躍する報道カメラマン。

「本のなかの、『小さな命は、気がつかないうちにひっそりときえていく』という言葉が忘れられません」（小６女子）

176 ヒガンバナのひみつ

●かこさとし作
●小峰書店

175 ヒサクニヒコの恐竜図鑑

●ヒサクニヒコ絵・文・写真
●ポプラ社

177 クジラ —大海をめぐる巨人を追って

●水口博也著
●金の星社

178 最後のニホンオオカミ

●那須正幹作　●今泉忠明協力
●くもん出版

179

ノラネコの研究《けんきゅう》

●伊澤雅子文　●平出衛絵
●福音館書店

町に住む、黒と白のぶちの、しっぽが短い野良猫ナオスケ。ナオスケはどんな１日を過ごしているのか。著者は野良猫研究のため、ナオスケのあとをこっそりついていって観察を始めます……。猫の１日の行動や猫社会の意外なルールがわかり、楽しめます。

「観察の方法や必要なものも説明されていてわかりやすいです。自分も観察してみたくなりました」（小６男子）

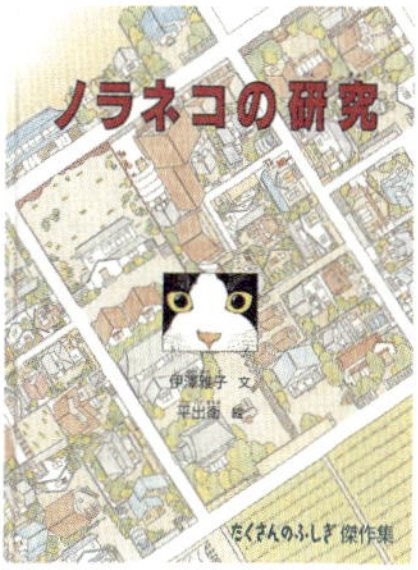

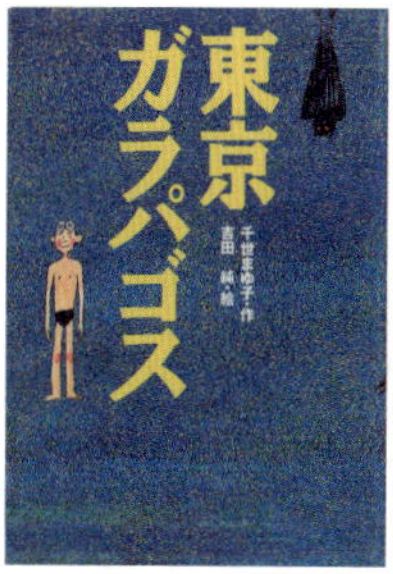

180

東京ガラパゴス

●千世まゆ子著　●吉田純絵
●講談社

母の仕事の都合で小笠原諸島の父島にやってきた５年生の翔は、住民たちとの出会いをとおして、島の自然や歴史に触れていきます。イルカやクジラ、ウミガメの産卵、戦争の記憶……。世界自然遺産である小笠原諸島の空気感がそのまま伝わってくるかのような、読後感さわやかな一冊。
※品切れ中、重版未定

181

クワガタクワジ物語

●中島みち著
●偕成社

生まれて初めてクワガタをつかまえ、飼い始めた太郎くん。なかでも一番元気な「クワジ」の３年間の飼育を、太郎くんを見守る母親の視点で描いた物語。著者は終末医療に関するノンフィクションを多く手がけていることもあり、静かな雰囲気のなかにも生命の尊さが強く感じられる一冊です。

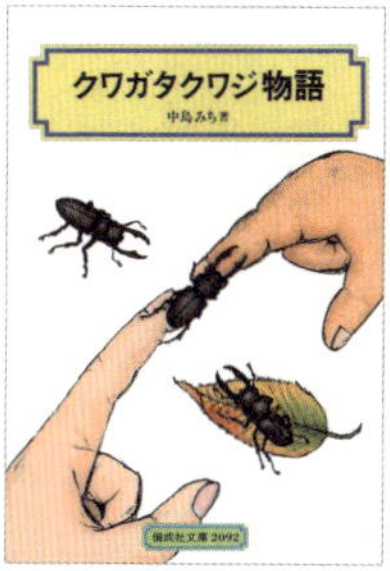

182

家族になったスズメのチュン

●竹田津実著・写真　●岩本久則絵
●偕成社

183

富士山《ふじさん》のまりも

●亀田良成文　●斉藤俊行絵
●福音館書店

184

ネコのミヌース

●アニー・M・G・シュミット作
●カール・ホランダー絵　●西村由美訳
●徳間書店

185

ドリトル先生アフリカゆき

●ヒュー・ロフティング作　●井伏鱒二訳
●岩波書店

186 ニングルの森

●倉本聰著　●黒田征太郎画
●集英社

北海道の原生林の奥深くにいる、先住民族のニングルたち。電気も、お金も、教育も、文字も知らない彼らは、人間の文明をどう見ているのか。自分たちを見直すきっかけを得られるとともに、悠久の自然へと思いを馳せることができる、薄くても奥深い一冊。

「ニングルたちの、人間に対する見方がおもしろい。読んだあと、人間の世界について考え直しました」（小６男子）

187 イグアナくんのおじゃまな毎日

●佐藤多佳子作　●はらだたけひで絵
●偕成社

樹里が誕生日プレゼントにもらったのは、本物の生きているイグアナ。大人しく、うるさくなく、匂わない。けれども「25度以上40度以下の温度」で飼わねばならず、成長すると２メートルの大トカゲになる……。登場人物たちの思わず笑ってしまう軽妙なせりふまわしと、イグアナをめぐって本気でぶつかりあう家族の姿が印象的な一冊。

「前半は、樹里たちのやり取りに大笑いしました。でも最後は感動的です！」（小６女子）

188 片目のオオカミ

●ダニエル・ペナック著
●末松氷海子訳
●白水社

189 少年動物誌

●河合雅雄作　●平山英三絵
●福音館書店

190 シーラカンスとぼくらの冒険

●歌代朔作　●町田尚子絵
●あかね書房

191 カワウソがいる

●阿部夏丸著　●沢野ひとし絵
●ポプラ社

192

♥♥♥

ライオンと歩いた少年

●エリック・キャンベル作　●さくまゆみこ訳
●中村和彦絵
●徳間書店

アフリカで父と乗った飛行機が墜落しますが、クリスは奇跡的に軽傷ですみます。瀕死の父とパイロットを救うため、クリスはひとりサバンナへと踏みだします。そこへ一匹の年老いたライオンが現れて……。生を求める少年と、死に近づく老ライオンの不思議な交感をスリリングに、しかし感動的に描いた傑作。

193

♥♥♥

まぼろしの小さい犬

●フィリパ・ピアス作
●猪熊葉子訳　●アントニー・メイトランド絵
●岩波書店

「犬を飼いたい」と願う５人兄弟の真ん中のベンは、誕生日に祖父から刺繍の犬の絵を贈られます。はじめは落胆したベンでしたが、いつの間にか目をつぶると、生きて動く犬が見えるようになっていくのでした……。理想と現実とのギャップに戸惑う少年の心理を繊細に描いた傑作。まさに「現実を生きること」と「ファンタジーの世界」のつながりが感じられる一冊です。

194

♥♥♥

旅をする木

●星野道夫著
●文藝春秋

季節の移ろいとともに変化していくアラスカの大自然と、そこに生きるさまざまな動物たち。そしてアラスカ先住民や、開拓時代にやってきた人々の記憶――。1996年に急逝した写真家・星野道夫氏による、アラスカの悠久の自然と人々への愛情に満ちた33篇が収録された、珠玉のエッセイ。「アラスカの大自然や先住民のトーテムポールを、自分の目で見てみたくなります」（中２男子）

196

♥♥♥

川の名前

●川端裕人著
●早川書房

195

♥♥♥

シートン動物記 オオカミ王ロボ

●アーネスト・T・シートン文・絵
●今泉吉晴訳・解説
●童心社

198

♥♥♥

ミイラになったブタ ―自然界の生きたつながり―

●スーザン・E・クインラン著　●藤田千枝訳
●ジェニファー・O・デューイ絵
●さ・え・ら書房

197

♥♥♥

HOOT

●カール・ハイアセン作
●千葉茂樹訳
●理論社

column

思わず試したくなる！「生き物・自然」の本

これがほんとの大きさ！

スティーブ・ジェンキンズ作
佐藤見果夢訳／評論社

タランチュラ、ダイオウイカの目玉、イリエワニの口などを、コラージュのイラストで実物の大きさで表した絵本。他の動物の体を自分でも調べて、切り絵などで作ってみたくなってきます。

ガオ

田島征三作／福音館書店

異色のアート絵本。絵本ではあるものの絵の具などは使わず、無数の木の実だけを並べて生き物の形を作り、不思議なストーリーにしたもの。実際に家の近くに落ちている木の実を探して並べ、自分だけのお話を作りたくなるはず。

みんなのかお

とだきょうこ文　さとうあきら写真／
福音館書店

まるで卒業アルバムのように、日本中の動物園にいる24種503頭の動物の顔だけを移した写真絵本。ゴリラ、ゾウ、タヌキ、ラクダ――。同じ種類の動物でも、一匹一匹個性のある顔をしていることがわかり、実際に動物園に行って確かめてみたくなります。

もってみよう

松橋利光写真・文／小学館

カブトムシやモンシロチョウ、イモリ、ザリガニなど22種の昆虫や小動物の持ち方が、丁寧に紹介されています。「もっちゃダメ！」という説明もあり、本格的に生き物に触れるときに役に立ちます。

てがみは すてきなおくりもの

スギヤマカナヨ／講談社

身のまわりのあらゆるもので作れる、変わり種の手紙の作り方を紹介した本。はじめのほうのページには、落ち葉や貝殻など自然のものを使った遊び心たっぷりの手紙が紹介されています。どれも実際に送ることができるので、いろいろと作ってみると楽しめます。

川原の石ころ図鑑

渡辺一夫著／ポプラ社

北海道から沖縄まで58の川を取り上げて、そこで見つかる石を紹介する写真図鑑。関東地方であれば多摩川や荒川など、川が違えば石の種類や形状、色も異なるのがよくわかります。キャンプや遠足、ピクニックなどの際には、この本を片手に実際に調べてみてもおもしろいかも。

世界・社会

自分の身のまわりにあるさまざまな物を見てみましょう。鉛筆、ペン、服、電話、カバン、机、食器、パソコン……。それらは、発明した人以外にも、材料となるものを見つけた人、作った人、運んだ人など、本当にたくさんの人たちが関わったからこそ、ここにあるのです。

この社会のなかで生活することは、必然的にたくさんの人と、直接的にも間接的にもつながりを持ちながら生きるということです。ありきたりな表現を使うなら、人は決してひとりでは生きられないということにほかなりません。「社会」や「世界」というとどうしても大げさに聞こえますが、そこに生きているまだ見ぬ人たちへ思いを馳せることは、自分自身が心豊かに生きることにもつながります。

自分が今いる社会や、その向こう側にある世界にいる人たちへと思いを馳せ、たくさんの人とつながって生きることに希望を見いだせるような本を選びました。

199 旅《たび》の絵本《えほん》

●安野光雅著
●福音館書店

灰色ずきんをかぶったひとりの旅人があらゆる国を旅する、字のない絵本。１巻目で中世ヨーロッパの風景を旅した旅人は、２巻目以降イギリス、スペイン、アメリカなど世界各国を渡り歩きます。随所に描かれた、その国にまつわる昔話や名画などのワンシーンを探すのも一興。東日本大震災後に発売された第８巻「日本編」には、陸前高田の一本松なども描かれています。

「字がないので、それぞれの国の雰囲気や生活を自分なりに想像できるのがおもしろいです」（中１女子）

200 A《エイ》はアフリカのA《エイ》 アルファベットでたどるアフリカのくらし

●イフェオマ・オニェフル作・写真
●さくまゆみこ訳
●偕成社

「アフリカ」のＡに始まり、「ビーズ」のＢ、「カヌー」のＣ……と、アルファベット順にアフリカのさまざまな風物を紹介していく本。アフリカの人たちの暮らしや生活の工夫、文化などが多角的に理解できるとともに、英語にも親しみがわいてきます。

201 せかいいちうつくしいぼくの村《むら》

●小林豊作・絵
●ポプラ社

舞台はアフガニスタンのある小村。村の少年ヤモは、ロバの背に収穫した果物を載せて町まで売りに行きます。温かなタッチのイラストで、のどかな風景と大らかな人々の様子が描かれますが……。最後のページの、胸を打つ一文がいつまでも心に残ります。

「終わりのページで一気に悲しくなりますが、はじめは人々の笑顔があふれてとても温かい雰囲気です」（小６女子）

202 はちうえはぼくにまかせて

●ジーン・ジオン作　●マーガレット・ブロイ・グレアム絵
●もりひさし訳
●ペンギン社

ジオンは夏休みにどこにも行けない代わりに、近所中の植木鉢を預かって世話をするアルバイトを始め、評判になります。やがて鉢の植物はどんどん大きくなり、家はジャングルのようになっていきますが……。自分で創意工夫しながら働くことの魅力や喜びが味わえるロングセラー絵本。

203 ルリユールおじさん

●いせひでこ作
●講談社

大切にしていた植物の本がばらばらになってしまったソフィーは、パリの路地裏にひっそりとたたずむ「ルリユールおじさん」のお店で本を修理してもらいます。ルリユール―手づくりの製本―の工程や、登場人物の魅力的なやり取り、淡彩による美しいパリの町の情景が印象的な、大人にも非常に人気の高い絵本。

204 新幹線のたび ～はやぶさ・のぞみ・さくらで日本縦断～

●コマヤスカン作
●講談社

朝６時 15 分、新青森駅から新幹線「はやぶさ」に乗ったはるかちゃん一家は、３つの新幹線を乗り継いで鹿児島のおじいちゃんの家に向かいます。日本を縦断する様子を俯瞰して描いた絵本で、家族で読めばさまざまな会話が生まれます。震災直後の 2011 年３月 18 日に出版されました。
「３年生のときに学校の図書室で夢中になって読みました。新幹線を通して、日本のどこに何があるのかわかっておもしろいです！」（小６男子）

205 しごとば

●鈴木のりたけ作
●ブロンズ新社

街のなかで働く、さまざまな職業の人たちの「しごとば」を描いた本。1巻目は新幹線運転士やすし職人、おもちゃ職人、パティシエなど、9つの職業が紹介され、「働くっておもしろそう！」と思えること間違いなしです。

前のページで出てきた人が他のページに登場するなど、随所にさまざまな遊び心があります。そこには、「あらゆるものはつながっている」という作者のメッセージも込められています。

「絵がリアルでわかりやすい！　個人的には第4巻のスカイツリー編がおすすめです」（小6男子）

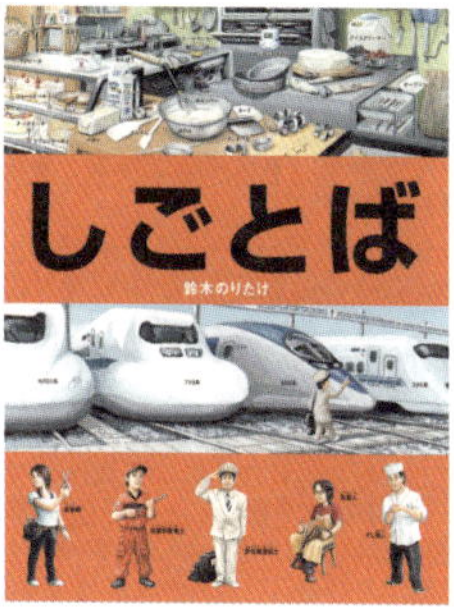

206 よるのびょういん

●谷川俊太郎作　●長野重一写真
●福音館書店

ゆたか君は高い熱が出てしまい、お母さんは119番で救急車を呼んだ。お父さんは勤め先からかけつけて……。

夜の病院における手術の様子を臨場感たっぷりに描いた写真絵本。谷川俊太郎氏によるシンプルな言葉選び、スピードを感じられるモノクロ写真が、夜の病院の緊迫感を伝えます。
※品切れ中、重版未定

207 クリスマスまであと九日《ここのか》 セシのポサダの日

●エッツ＆ラバスティダ作　●たなべいすず訳
●冨山房

208 はたらきもののじょせつしゃけいてぃー

●バージニア・リー・バートン文・絵
●いしいももこ訳
●福音館書店

209 ペレのあたらしいふく

●エルサ・ベスコフ作・絵
●おのでらゆりこ訳
●福音館書店

210 ぼくらの地図《ちず》旅行《りょこう》

●那須正幹文　●西村繁男絵
●福音館書店

211 しょうぼうじどうしゃじぷた

●渡辺茂男作　●山本忠敬絵
●福音館書店

212 ピン・ポン・バス

●竹下文子作　●鈴木まもる絵
●偕成社

213 やこうれっしゃ

●西村繁男作
●福音館書店

214 イエペはぼうしがだいすき

●石亀泰郎写真
●文化出版局編集部文
●文化出版局

215
♥♥
いっぽんの鉛筆《えんぴつ》のむこうに

●谷川俊太郎文　●坂井信彦写真　●堀内誠一絵
●福音館書店

身近なところにある鉛筆が、どこでどのようにして作られているのかを記した異色の本。スリランカ、アメリカ、メキシコ、日本などの人々の労働の様子が、写真やイラストでわかりやすく紹介されています。

「たった一本の鉛筆にこれだけの人たちが関わっているの？」という驚きとともに、今自分のいる場所も世界とつながっているという、たしかな実感を得ることができる稀有な本です。

「一本の鉛筆にどんな苦労があるのかがわかって、身のまわりのひとつひとつのものに感謝したくなります」（小６男子）

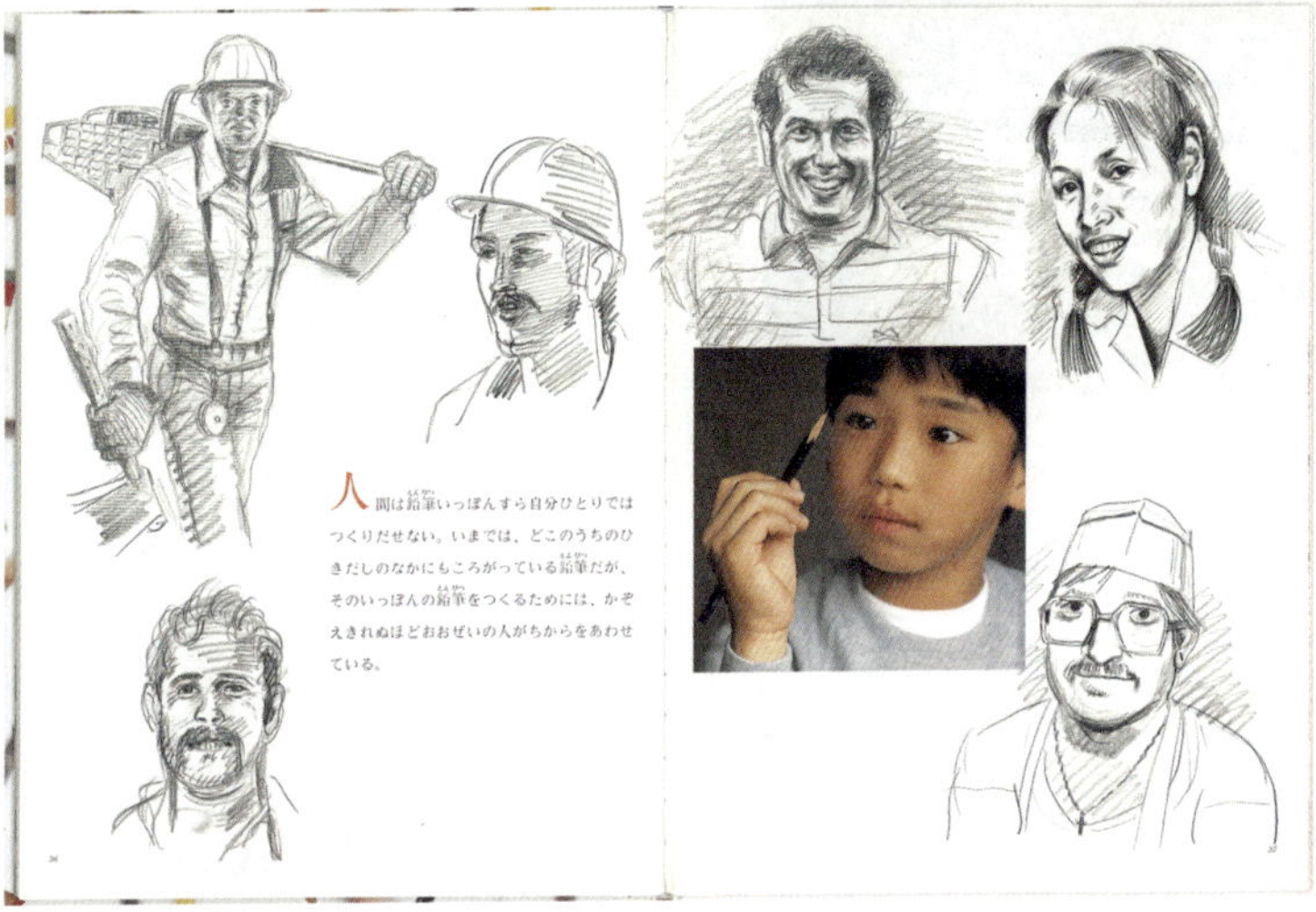

216
♥♥
リキシャ・ガール

●ミタリ・パーキンス作　●ジェイミー・ホーガン絵
●永瀬比奈訳
●鈴木出版

バングラディシュの小さな村に住むナイマは、絵の得意な 10 歳の女の子。女性が働くことが当たり前ではない社会のなかで、貧しいながらも家族と明るく暮らしています。ところがある日、お父さんの仕事を手伝おうとしてリキシャ（人力車）を壊してしまい……。

バングラディシュの人々の暮らし、文化などがイメージできるとともに、困難な状況でも知恵と決断力で前へ進もうとするエネルギーが得られます。

217 ♥♥
ぼくのじしんえにっき

●八起正道作　●伊東寛絵
●岩崎書店

ある日、「ぼく」の暮らす町で大地震が起きた。家やビルはめちゃめちゃに壊れ、大人も子どももワーワー泣いた……。

大地震に見舞われた町の様子や、極限状態における人々の生々しい姿が、主人公の「ぼく」の絵日記という形式で淡々と描かれていきます。

「地震のことをよく知ることができる本で、地震直後の様子がリアルに表現されているところがおすすめです」（小５男子）
※品切れ中、重版未定

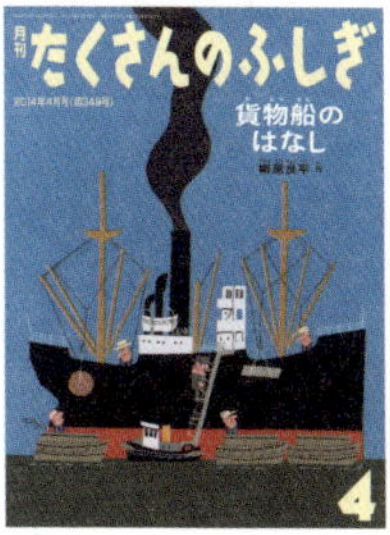

218 ♥♥
貨物船《かもつせん》のはなし
（「たくさんのふしぎ」2014年4月号）

●柳原良平作
●福音館書店

海洋立国である日本は、歴史的にさまざまな資源を、船を使って輸送してきました。そうした「船がものを運ぶ」歴史を、魅力的なイラストで紹介した本です。2015年に亡くなった作者は、キャラクター「アンクルトリス」を生みだしたことでも知られていて、70年以上にわたって船や港を描きつづけてきました。

「船の歴史やつくりがわかりやすく紹介されています。絵のなかのアンクルトリスさんを探すのもおもしろいです」（小６男子）

219 ♥♥
さがしています

●アーサー・ビナード作　●岡倉禎志写真
●童心社

広島平和記念資料館に展示されている、14点の遺品。原爆が落ちた時間を示したままの時計や、焼け焦げた弁当箱、帽子、メガネ、ランドセル……。それらを撮影した写真一つ一つに、米国出身の詩人が言葉を添えた写真集です。もの言わぬ「物たち」が、まるで命を得て読者に語りかけているかのよう。戦争の不条理さが胸に迫ります。

「読みおわったあと、写真のものを持ち主さんたちに届けてあげたくなりました」（小６男子）

221 ♥♥
描こう！世界の古代文字

●マール社編集部編　●永井正勝古代文字指導
●深沢紅爐作品指導
●マール社

220 ♥♥
地雷のない世界へ はたらく地雷探知犬

●大塚敦子写真・文
●講談社

223 ♥♥
マチュピチュをまもる アンデス文明5000年の知恵《ちえ》

●白根全文・写真
●福音館書店

222 ♥♥
地球のてっぺんに立つ！エベレスト

●スティーブ・ジェンキンズ作
●佐藤見果夢訳
●評論社

224 ♥♥♥ 地球生活記　世界ぐるりと家めぐり

●小松義夫写真・文
●福音館書店

アフリカの奥地や南米の高地、熱帯雨林、乾燥地帯、大都会など、世界中のありとあらゆる場所の「家」を紹介する写真集。30 年の取材期間を経て選ばれた 1700 点余りの写真が圧巻の、非常に読みごたえのある一冊。それぞれの地域の風土や文化と「家」のかかわりがイメージでき、子どもから大人まで幅広く楽しめます。

「夏の自由研究で使いました。世界中の家と、その場所の気候の関係がわかっておもしろかったです」(小５男子)

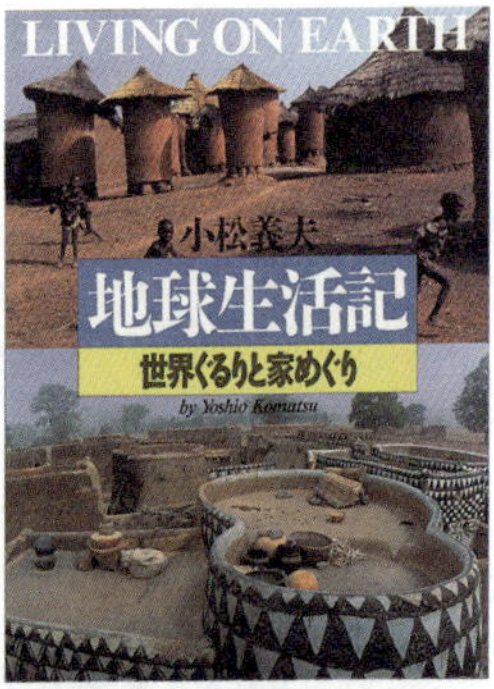

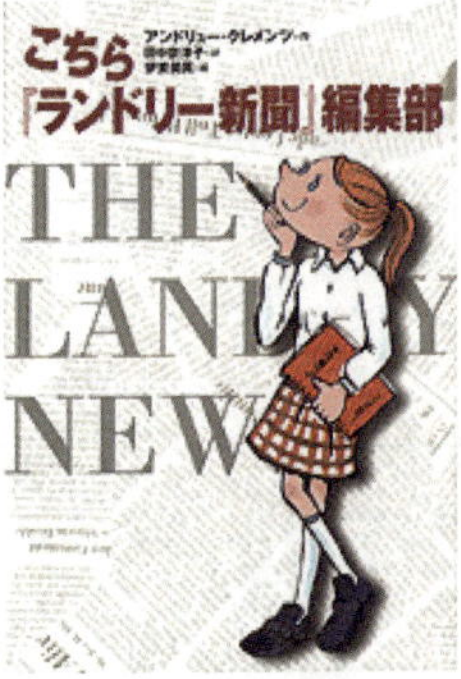

225 ♥♥♥ こちら『ランドリー新聞』編集部

●アンドリュー・クレメンツ作　●田中奈津子訳
●伊東美貴絵
●講談社

小学５年生の少女カーラは、転校先の小学校で「壁新聞」を作り、一気に注目の的となります。そして、それまで無気力だった担任の先生も活力を得て、みんなで「表現すること」について考え、議論していきますが……。テンポの良いストーリー運びに引きこまれるとともに、学ぶことの意味、社会における「表現の自由」について考えるきっかけにもなります。

「自分もこんなすてきな学級新聞を作ってみたくなりました」(小５女子)

226 ♥♥♥ おじいちゃんは水のにおいがした

●今森光彦著
●偕成社

琵琶湖西岸で60年以上にわたって漁師をしている、田中三五郎さんの日々をとらえた写真絵本。毎日の生活に必要なだけの魚をとり、湧水を飲み、野菜や果物も冷やす――。自然とともに生きる里山での生活の時間感覚が実に魅力的。本書の映像版ともいえるNHKスペシャル『映像詩里山　命めぐる水辺』は、世界各国で数々のグランプリを受賞しました。
「水辺の写真がとてもきれいです。僕は町のなかに暮らしていますが、こんな生活もいいなと思いました」（小6男子）

227 ♥♥♥ 世界を信じるためのメソッド

●森達也著
●イースト・プレス

「世界が、人間が、取り返しのつかない過ちを犯すのは、メディアの使い方をあやまるからだ」。日々メディアからの情報にあふれる現代では、何を考えて行動すればいいのか？　驚くほど多面的なこの現実世界を見るための、たしかな視点が得られる本。

「松本サリン事件の『冤罪（えんざい）』の話に、特に驚きました。読んでから、テレビの見方が少し変わったと思います」（中1男子）
※品切れ中、重版未定

228 ♥♥♥ ここが家だ ベン・シャーンの第五福竜丸

●アーサー・ビナード構成・文　●ベン・シャーン絵
●集英社

1954年、南太平洋のビキニ環礁における水爆実験で被ばくした、日本の漁船「第五福竜丸」。この事件に触発された米国の具象画家が描いた連作絵画『ラッキー・ドラゴン』に、『さがしています』と同じ米国人詩人が文をつけた絵本。原水爆実験に対する静かな怒りと祈りの思いが、ページから伝わってきます。

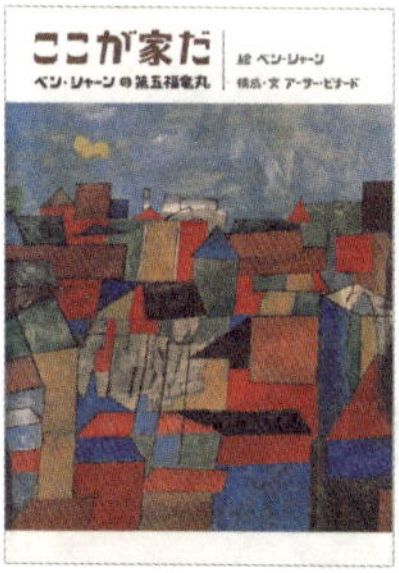

229 ♥♥♥ 地球のために わたしができること

●枝廣淳子著
●大和書房

230 ♥♥♥ トットちゃんと トットちゃんたち

●黒柳徹子文　●田沼武能写真
●講談社

231 ♥♥♥ うちは精肉店

●本橋成一写真・文
●農山漁村文化協会

232 ♥♥♥ 食べもの記

●森枝卓士著
●福音館書店

芸術・感性

たとえば、夕日を浴びた電信柱が一直線に並び、遠近法ではるか遠くに向かって小さくなっていく様子を見て、何となく泣きたくなるような不思議な寂しさや悲しさを覚えたことはありませんか？

そう、日常のちょっとした瞬間であっても、ハッとするほどの「美しさ」を感じられるものはいたるところにあるものなのです。

そして、現実にそうしたものを目にしたときは、「きれいだね」と言葉にして子どもと語りあうことがおすすめです。その経験が積み重なっていくにつれて、子どものなかで無意識のうちに、「こういうものが《美しい》というのか」という美意識の基準、「美しさ」を感じる視点が培われていきます。

時代を越えて受けつがれてきたさまざまな本も、そうした視点を養う一助になります。

ここでは、子どもたちがまわりの風景をどう切り取ればいいのかという視点を与え、美意識のみならず、言葉やユーモアの感性を高めるのにたしかな影響を与える本を紹介します。

233 かずあそび ウラパン・オコサ

●谷川晃一作
●童心社

1は「ウラパン」、2は「オコサ」、3は「オコサ・ウラパン」、4は「オコサ・オコサ」……。作者の造語である「ウラパン」と「オコサ」の組み合わせだけで、さまざまなものを数えていくというユニークな絵本。子どもであれば単純に絵を見て数えあげることで楽しめますが、数学の「2進法」の概念にも結びついてくるような、実は深い内容を持っています。楽しみながら、数の感覚を養うのにうってつけ。
「小さい子と一緒に読むと、とても盛りあがります。でも実は、高学年がやっても全部言えると嬉しいです！」（小5女子）

234 きりのなかのサーカス

●ブルーノ・ムナーリ作
●谷川俊太郎訳
●フレーベル館

235 きょうはマラカスのひ

●樋勝朋巳文・絵
●福音館書店

236 かえるがみえる

●馬場のぼる絵　●まつおかきょうこ作
●こぐま社

「かえるがみえる」「かえるがほえる」「かえるがよえる」など、「～える」で終わる動詞だけで話が進んでいくナンセンス絵本。『11ぴきのねこ』や『きつね森の山男』でも有名な馬場のぼる氏によるコミカルなイラストと、リズミカルな短文による意表をつくストーリー展開が人気。

「『～える』という動詞だけでちゃんとした物語ができていて、リズムもよく、とてもおもしろいです！」（小５女子）

237 おおきなおおきなおいも 鶴巻幼稚園・市村久子の教育実践による

●赤羽末吉作・絵　●市村久子原案
●福音館書店

雨が降って、芋掘りが延期になりました。外にも出られない子どもたちは、みんなでお芋の絵を描くことに。だんだんと絵のお芋は大きくなっていき、ついにはヘリコプターで運んで、船や恐竜の形に……。実際の幼稚園の実践をもとにして生まれた、子どもの無限の想像力にあふれた一冊。「想像の翼」とはこういうことを言うのだと感じさせられます。

238 3びきのかわいいオオカミ

●ユージーン・トリビザス文
●ヘレン・オクセンバリー絵　●こだまともこ訳
●冨山房

お母さんと一緒に暮らしていた３びきのかわいいオオカミは、家を出て自分たちの家を作ることにしました。そこへ悪い大ブタがやってきて、オオカミたちがせっかく建てた家を……。言わずと知れた、『３びきの子ブタ』のパロディ。「やりすぎでしょ！？」と突っ込みたくなる、大ブタの悪者っぷりに子どもたちは大笑い。でも、最後は心温まるエンディング。

「大ブタの家の壊し方にまず大笑い！　現実にはありえない話で、とてもおもしろいです！」（小５女子）

239 レッド・ブック

●バーバラ・レーマン作
●評論社

240 ことばのこばこ

●和田誠作
●瑞雲舎

241 ねえ、どれがいい？

●ジョン・バーニンガム作　●まつかわまゆみ訳
●評論社

242 オニじゃないよ おにぎりだよ

●シゲタサヤカ作
●えほんの杜

243 ♥♥ ハリス・バーディックの謎

●C・V・オールズバーグ絵・文　●村上春樹訳
●河出書房新社

謎の人物、ハリス・バーディックが残したばらばらの14枚の絵。それらは、もとはどんな物語だったのか？　見る人によって多彩な解釈が可能な、ミステリアスな雰囲気を持った絵本。自分なりの物語を想像する醍醐味を味わえます。この絵本に触発された有名作家たちによる短編集も出版されています。
「自分でいろいろなストーリーを考えるのがおもしろい本。私は８枚目の『リンデン氏の書棚』がお気に入りです！」（小６女子）

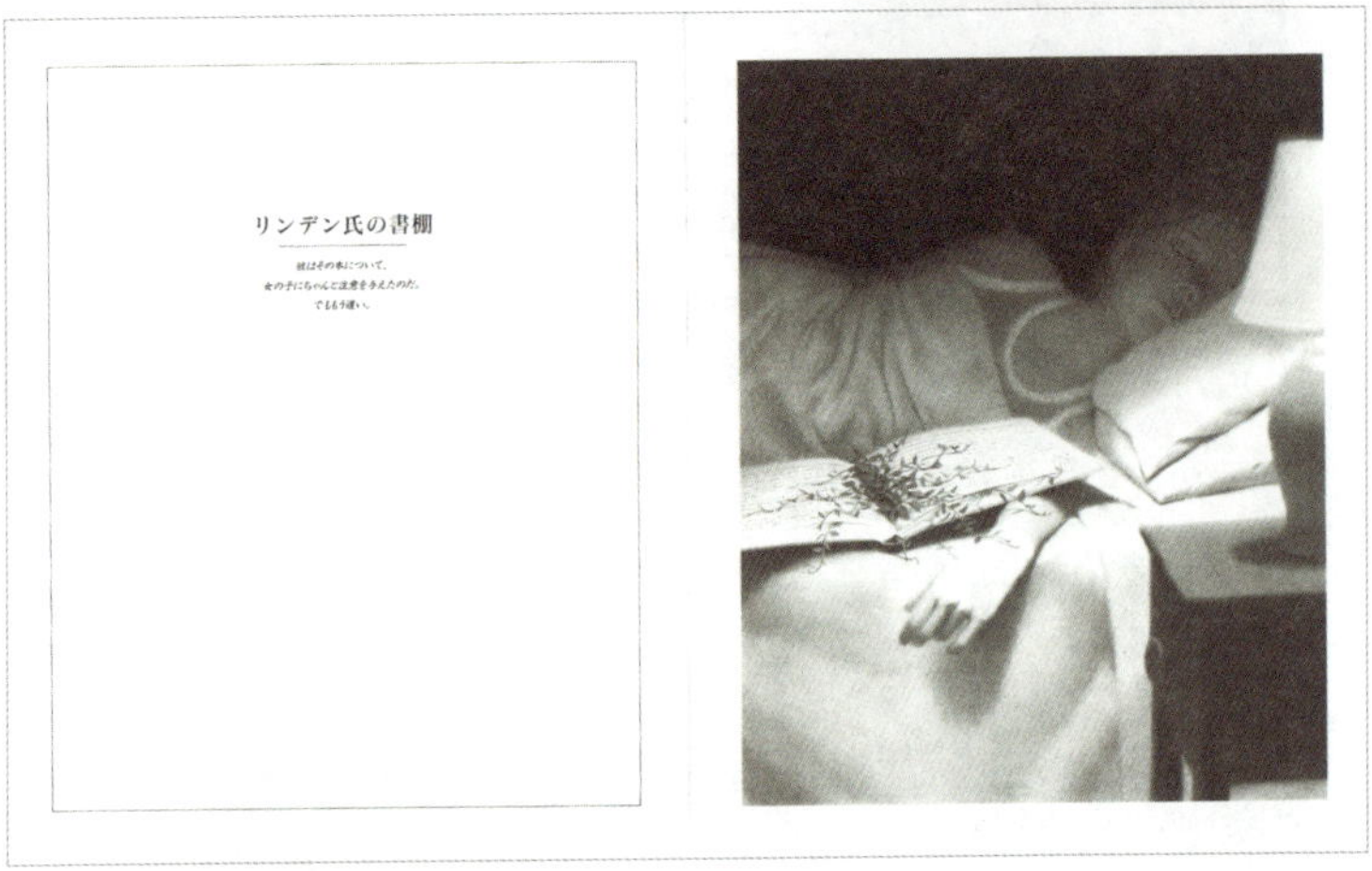

244 ♥♥ マルコとミルコの悪魔《あくま》なんかこわくない！

●ジャンニ・ロダーリ作　●関口英子訳
●片岡樹里絵
●くもん出版

投げた人の手に戻ってくるよう仕込んだブーメラン・カナヅチを持った双子の兄弟、マルコとミルコ。そんな「最強無敵」の２人が遭遇する、数々の事件を描いた短編集。泥棒、お化け、悪魔──。イタリアの国際アンデルセン賞作家が描く、とにかく子どもが楽しめる痛快な一冊。テンポの良いストーリー展開と軽妙なセリフまわしに、思わず引きつけられます。

「登場人物たちの会話に、何度も笑ってしまいました。スカッとしたいときにおすすめです！」（小５男子）

245 けんた・うさぎ

●中川李枝子作　●山脇百合子絵
●のら書店

いたずらうさぎのけんたと、お母さんうさぎの愉快な日常を描いた6話を収めた短編集。何でも反対のことを言う「あべこべ・うさぎ」や、自分の姿が消えたふりをする「きえた・うさぎ」など、子どもならではの発想をよく表しています。『ぐりとぐら』や『いやいやえん』でも有名な、子どもの世界を表現したら右に出る者はいない中川李枝子さんによる、魅力的な一冊。

246 うつくしい絵《え》

●かこさとし著
●偕成社

ダ・ヴィンチの『モナリザの微笑み』、ゴッホの『ひまわり』、北斎の『富嶽三十六景』、ピカソの『ゲルニカ』など、古今東西のあらゆる名画を楽しむ視点や、作家の人間像が語られます。絵画の入門書としてうってつけ。

「大人でも、有名な絵のことをよく知らなかったことに気づかされました。読んだ後は、美術館に行くときも絵の見方が変わりました」（小４女子母）

247 みんなでつくる 1本《いっぽん》の辞書《じしょ》

●飯田朝子文　●寄藤文平絵
●福音館書店

鉛筆は一本。では、電車は一本？　高層ビルは？　細長いものばかりでなく、なぜサッカーのシュートや宝くじ、柔道の勝負なども「一本」と数える？　身のまわりのあらゆる物のなかで、「本」と数えるものを徹底的に調べてまとめた本。意外な言葉の事実に何度も驚くこと間違いなしです。

「横で一緒に読んでいたお父さんも、最後まで読んで『へー、そうだったんだ！』と言っていました」（小５男子）

249 なぞなぞのすきな女の子

●松岡享子作　●大社玲子絵
●学研教育出版

248 はれときどきぶた

●矢玉四郎作・絵
●岩崎書店

251 チョコレート工場の秘密

●ロアルド・ダール著　●柳瀬尚紀訳
●クェンティン・ブレイク絵
●評論社

250 ポリーとはらぺこオオカミ

●キャサリン・ストー作
●マージョリー＝アン・ワッツ絵　●掛川恭子訳
●岩波書店

252 ♥♥♥ E.J. キーツの俳句絵本 春の日や　庭に雀の砂あびて

●リチャード・ルイス編　●エズラ・ジャック・キーツ絵
●いぬいゆみこ訳
●偕成社

小林一茶や正岡子規など、日本を代表する俳人による23句を、米国人絵本作家が印象的なコラージュで表現した俳句絵本。ハッとする美しさを感じる一瞬の数々を切り取ったかのような構成は見事。俳句の原文と並んで英文、現代語訳も併記してあり、ひとつひとつの俳句の世界観がわかりやすくなっています。

253 ♥♥♥ 野球の国のアリス

●北村薫著
●講談社

野球好きの少女アリスは、ふとしたことからすべての価値観が逆さまになってしまった世界にさまよいこんでしまいます。そこでは野球が、「負け進んで最下位になったチームを皆で笑いものにする」スポーツとなっていました。怒ったアリスは……。『不思議の国のアリス』のパロディでありながら、人の持つ可能性や希望に満ちた珠玉のファンタジー。

「野球好きのアリスが、別の世界で野球をしながらがんばる姿にわくわくしました！」（小6女子）

254 ♥♥♥
時計坂の家

●高楼方子作　●千葉史子絵
●福音館書店

夏休み、12歳のフー子はいとこのマリカからの手紙に誘われ、母の故郷である異国情緒あふれる港町、汀館（みぎわだて）へ。時計坂にある祖父の家に泊まることになったフー子は、早くに亡くなった祖母の死と、突如現れる不思議な庭の秘密に迫っていきます。謎が謎を呼ぶストーリー展開。読後、底知れない切なさが感じられる独特な世界観。果てしない美の世界に魅せられた人たちのてん末が胸を打つ、一級のファンタジー。

「娘とともに思わず引きこまれました。感想をひと言で言い表すのが難しい、非常に奥深いストーリー。何度も読み返したくなります」（小６女子母）

255 ♥♥♥
小さな町の風景

●杉みき子著　●佐藤忠良絵
●偕成社

「どんな町でも、どんな村でも、それを聞きだし見つけだそうとする心さえあれば、身のまわりのすべての風景が、いつも声のない声で語りかけてくれているのがわかるでしょう」。坂道、商店、木、電信柱、海……。作者の生まれ故郷である新潟県の高田（現上越市）を舞台に、町のなかのあらゆるものにこめられた人々の思いを、詩情豊かに表現した短編集。

「特に『月夜のバス』という話が印象に残っています。海にいる生き物がバスのなかにいる、不思議な感じがおもしろいです」（小５男子）

256 ♥♥♥
あの犬が好き

●シャロン・クリーチ作
●金原瑞人訳
●偕成社

「……女の子のもんだよ。詩なんてさ」と、最初の授業では詩を書くのを嫌がっていたジャック。しかし、さまざまな詩を読むにつれてその表現技法に興味を抱き、同時に死んだ飼い犬の思い出も頭をよぎり……。全編にわたって、それこそ詩のように少年の短い語りのみで構成された本。言葉に自分の思いを託す喜びに気づいていく少年の姿が浮かびあがるようで、感動的です。

257 ♥♥♥
言葉屋《ことばや》 言箱《ことばこ》と言珠《ことだま》のひみつ

●久米絵美里作　●もとやままさこ絵
●朝日学生新聞社

258 ♥♥♥
あしながおじさん

●J・ウェブスター作
●坪井郁美訳
●福音館書店

259 ♥♥♥
ぽっぺん先生の日曜日

●舟崎克彦作
●岩波書店

260 ♥♥♥
ふしぎなことば ことばのふしぎ

●池上嘉彦著
●筑摩書房

column

子どもの本をテーマにした各種施設

■国際子ども図書館

日本で最初の、児童書専門の国立図書館。自由に本が読める「子どものへや」や、外国語の本も展示されている「世界を知るへや」のほか、国内外の子どもの本を扱ったギャラリー、展示会も充実している。

所在地：〒110-0007　東京都台東区上野公園 12-49

■東京子ども図書館

石井桃子氏、佐々梨代子氏、松岡享子氏によって創設。本の貸し借りはもちろん、「おはなしのへや」では子どもたちがストーリーテリングを楽しめる。地下の資料室へ続く階段の壁にはバージニア・リー・バートンの自筆の絵も飾られていて、各種展示会やイベントも多く行われる。石井桃子氏の書斎、渡辺茂男氏の蔵書が見られる「かつら文庫」（荻窪）は、事前に連絡をすれば見学可能。また、この図書館が刊行している『私たちの選んだ子どもの本』や『今、この本を子どもの手に』などは非常に信頼できるブックリスト。

所在地：〒165-0023　東京都中野区江原町 1-19-10

■板橋区立美術館

世界最大規模の絵本原画コンクール、「イタリア・ボローニャ国際絵本原画展」が毎年夏に開催されていることで有名。会期中には、絵本に関するさまざまなイベントも行われ、毎年夏の恒例行事として来館する人は多い。

所在地：〒175-0092　東京都板橋区赤塚 5-34-27

■ちひろ美術館・東京

絵本作家のいわさきちひろ作品を中心に、各国の絵本の原画も展示。

所在地：〒177-0042　東京都練馬区下石神井 4-7-2

■大東文化大学：ビアトリクス・ポター資料館

『ピーターラビット』シリーズで有名なビアトリクス・ポターに関する資料、原画などを展示。建物はポターの暮らした湖水地方のヒルトップ農場を忠実に再現し、館内には作品の一場面を思わせる場所も。

所在地：〒355-0065　埼玉県東松山市岩殿 554　埼玉県こども動物自然公園内

昔話・神話・歴史

「歴史とは、思い出すこと」

かつて、批評家の小林秀雄氏が語っていた言葉です。

「歴史を知る」というと、どうしても過去に起こった出来事や人名、年号などをただ知識として覚えればいいというイメージがあります。

しかし、歴史を知る一番の醍醐味は、過去にあった世界を自分なりの視点で想像すること。そして、かつてたしかに生きていた人たちの息づかいや思いをありありとイメージして、今の自分を振り返るきっかけを得ることにあります。その意味で、過去の歴史を知ることは、それをイメージして考えている「自分自身を知る」ことにもつながります。

それは、今の自分を別の角度から見つめる、実にスリリングな体験でもあり、自分の想像力の翼を存分に広げられるおもしろさも味わえる体験です。

そんな、イマジネーションを広げて過去をいきいきと「思い出す」一助になるような、魅力的な昔話、神話、歴史の本を選びました。

261 ランパンパン インドみんわ

●ホセ・アルエゴ、アリアンヌ・ドウィ絵
●マギー・ダフ再話　●山口文生訳
●評論社

主人公のクロドリは、女房を強欲な王様に捕らえられてしまいます。怒ったクロドリは仲間を集め、「ランパンパン」と太鼓を打ち鳴らし、王の宮殿へ向かいます。色鮮やかなイラストも魅力的な、奇想天外なインド民話。何度もくり返される「ランパンパン」というかけ声が耳に心地よく、読み聞かせに向いています。

「最後のページの、クロドリが女房たちと木の上で笑っている絵がいいと思います」（小３男子）

262 かえるの平家《へいけ》ものがたり

●日野十成文　●斎藤隆夫絵
●福音館書店

あの古典作品『平家物語』の「カエルバージョン」。「げんじ沼」に住むカエルたちが、敵の「平家ネコ」を相手に死闘をくり広げます。カエルが扮する源義経、木曽義仲も大活躍。楽しみながら、古典の世界が身近になること間違いなしです。

「歴史に興味を持ちはじめた子どもに読ませました。イラストも豪華絢爛で、何回見ていても飽きないようです」（小２男子母）

263 きんいろのきつね

●おおかわえっせい文　●あかばすえきち絵
●ポプラ社

美女に化けて王を惑わし、中国やインドなど大陸の各国を荒らしてきた金色の妖怪狐。9つの尾を持つその恐ろしい狐が、今度は遣唐使船に乗って日本へ……。「史上最強の妖怪」との呼び声高い「九尾の狐」と、関東武士たちとの戦いが劇的に描かれます。中国神話、栃木県の那須野原に伝わる「殺生石」伝説をもとにした、スケールの大きい昔話絵本。

「この狐は強すぎる！　今でも毒を吐きつづけているなんて驚き！」（小3男子）

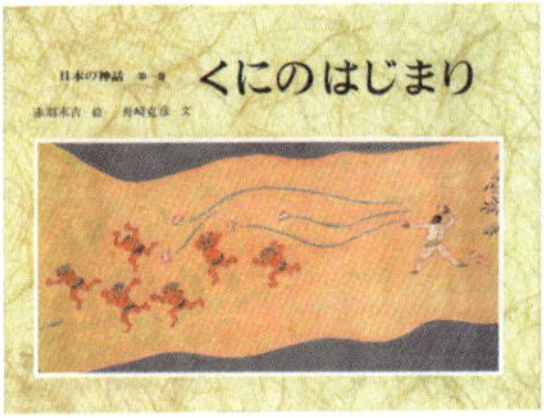

264 日本の神話第一巻 くにのはじまり

●赤羽末吉絵　●舟崎克彦文
●あかね書房

天の神「伊邪那岐（いざなぎ）」と「伊邪那美（いざなみ）」は、天之御中主（あまのみなかぬし）の命を受けて下界の国造りを始めます。島々を作り、35柱の神々を産んで国が整いますが、火の神を産んだ伊邪那美（いざなみ）は死者の国である黄泉へと行ってしまいます。後を追う伊邪那岐（いざなぎ）でしたが……。国際アンデルセン賞画家赤羽氏が、綿密な取材と考証で『古事記』の世界を絵本化したシリーズの1冊目。続くシリーズでは「天の岩戸伝説」や「ヤマタノオロチ」などが描かれます。

265 ディック・ウイッティントンとねこ イギリスの昔話

●マーシャ・ブラウン再話・絵　●まつおかきょうこ訳
●アリス館

ロンドンに出てきたみなしごのディック・ウイッティントンは、裕福な商人に拾われてコックの見習いに。つらい生活を送るディックでしたが、1ペニーで買ったネズミ退治用のねこを貿易船に乗せたことから、思わぬ幸運が始まります——。コールデコット賞を三度受賞した絵本画家マーシャ・ブラウン（2015年に96歳で逝去）が、有名なイギリスの昔話を再話し、力強い版画で絵本化しました。

267 おおかみと七ひきのこやぎ ーグリム童話

●フェリクス・ホフマン絵　●せたていじ訳
●福音館書店

266 三びきのやぎのがらがらどん ノルウェーの昔話

●マーシャ・ブラウン絵
●アスビョルンセン、モー再話　●せたていじ訳
●福音館書店

269 ねむりひめ ーグリム童話

●フェリクス・ホフマン絵　●せたていじ訳
●福音館書店

268 たなばた

●初山滋画　●君島久子再話
●福音館書店

270 絵で見るある町の歴史　タイムトラベラーと旅する12,000年

●アン・ミラード文　●松沢あさか、高岡メルヘンの会訳
●スティーブ・ヌーン絵
●さ・え・ら書房

川のほとりに広がる、イギリスと思しき町。そこが石器時代から現代にいたるまで、どのような変遷を経てきたのかを緻密なイラストで描いた大型絵本。風景や人々の暮らし、文化などの変化が具体的にイメージできます。各時代を旅するタイムトラベラー（博物館員）がページのどこかに描かれていたり、クイズが出されたりと、さまざまな遊び心に満ちた一冊。

「それぞれの時代のことがこまかく描かれてあって、何回読んでも飽きません」（小５男子）

271 ギルガメシュ王ものがたり

●ルドミラ・ゼーマン文・絵　●松野正子訳
●岩波書店

太陽神からメソポタミアの都に遣わされたギルガメシュ王。愛することと信じることを知らない彼は、強さを誇示するために人民に城壁づくりを命じますが……。粘土板に残された世界最古の叙事詩をもとにした、映像作家ゼーマンによる力作。重厚なイラストはまるで壁画のようで、壮大なスケールの物語の雰囲気によく合っています。

272 SALT　世界を動かした塩の物語

●マーク・カーランスキー文　●S.D. シンドラー絵
●遠藤育枝訳
● BL 出版

273 吸血鬼の花よめ　―ブルガリアの昔話

●八百板洋子編・訳　●高森登志夫画
●福音館書店

274 みどりの小鳥　―イタリア民話選

●イタロ・カルヴィーノ作
●河島英昭訳
●岩波書店

275 小さな山神スズナ姫

●富安陽子著　●飯野和好絵
●偕成社

276 西遊記〈1〉天の巻

●斉藤洋文　●広瀬弦絵
●理論社

山のいただきの石から生まれ、仙術を身につけた孫悟空は、天界で大暴れし、罰として五行山に封印されます。2巻目以降は三蔵法師や猪八戒、沙悟浄などお馴染みのキャラクターも登場。呉承恩の原作をもとに、『ルドルフとイッパイアッテナ』シリーズで有名な斉藤洋氏が新たな命を吹きこみました。

「孫悟空が玉帝ひきいる神々と激戦をくり広げるなかで、いろいろな方法で倒していくシーンがおすすめです。続きがはやく読みたくて、書店まで30分かけて歩きました！」（小5男子）

277 クリスマス物語集

●中村妙子編・訳
●偕成社

欧米で長い間親しまれてきたクリスマスの物語、伝説、詩などを収録した短編集。ディケンズの『ベツレヘムの夜』やクレメント・ムア『クリスマスのまえのばん』、ニューヨーク・サン新聞に載った有名な『サンタクロースっているんでしょうか？』などが収録されています。福音館書店『クリスマスのりんご』もあわせておすすめできます。

278 白狐魔記《しらこまき》1　源平《げんぺい》の風

●斉藤洋作　●高畠純画
●偕成社

仙人の修行により不老不死の能力を得た妖怪狐「白狐魔丸（しらこまる）」が主人公。第1巻では源義経一行と出会って源平の争いに巻きこまれ、続くシリーズでは蒙古襲来、織田信長の天下統一、天草四郎の乱などの歴史上の出来事に遭遇します。ぐいぐいとストーリーに引きこまれながら、それぞれの時代に生きていた人々の思いが伝わってきます。

「想像以上におもしろくて、シリーズを全部一気に読み終わりました。歴史に興味がない人でも楽しめると思います」（小5女子）

280 子《こ》ども寄席《よせ》　春・夏

●六代目柳亭燕路作　●二俣英五郎絵
●日本標準

282 魂《たましい》をはこぶ船　幽霊の13の話

●オトフリート・プロイスラー作　●スズキコージ絵
●佐々木田鶴子訳
●小峰書店

279 魔女《まじょ》に会った

●角野栄子文・写真　●みやこうせい写真
●福音館書店

281 イギリスとアイルランドの昔話

●石井桃子編・訳　●J・D・バトン画
●福音館書店

283 テレジンの小さな画家《がか》たち　ナチスの収容所で子どもたちは 4000 枚の絵をのこした

♥♥♥

●野村路子著　●偕成社

大戦中、チェコのテレジン収容所にいた15000人のユダヤ人の子どもたち。彼らが残した数々の絵の一部、希望を失わずに子どもたちに芸術のすばらしさを伝えつづけたフリードル女史の教育、収容所の生存者である当時の子どもたちの証言などを、平易な文章と豊富な写真で紹介します。読んでいるうちに胸がふさがれるような思いを感じることと思います。それでも、決して目を背けてはならない歴史の一ページを知る一助になります。

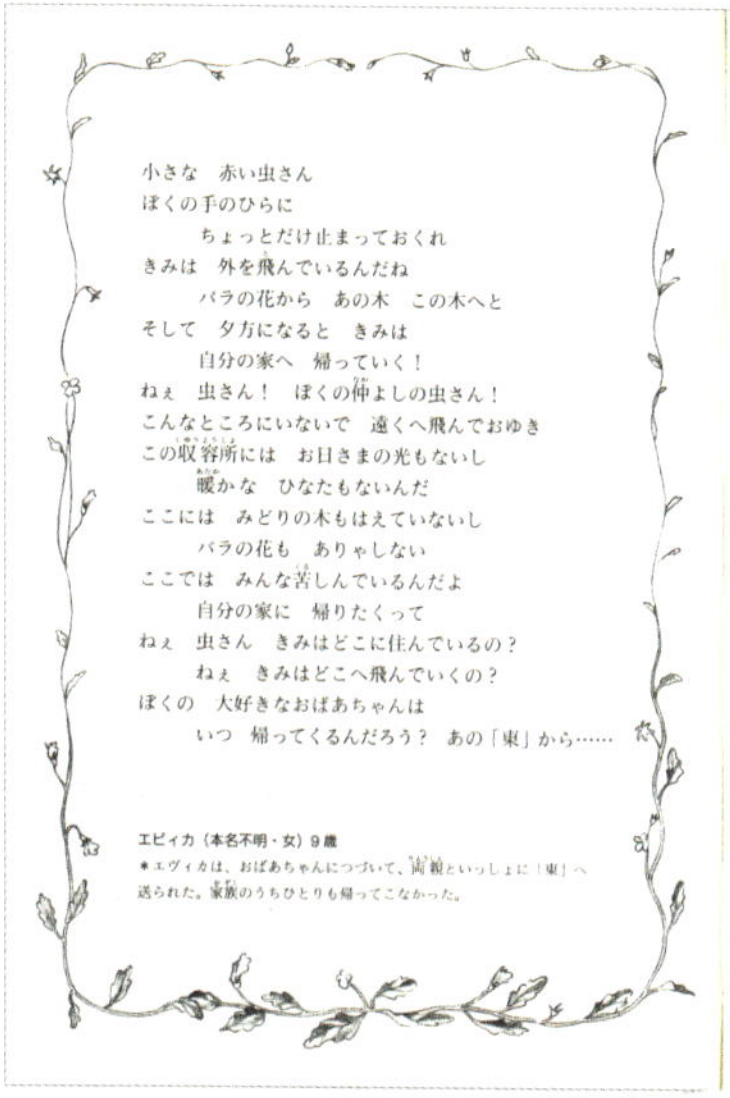
小さな　赤い虫さん
ぼくの手のひらに
　　ちょっとだけ止まっておくれ
きみは　外を飛んでいるんだね
　　バラの花から　あの木　この木へと
そして　夕方になると　きみは
　　自分の家へ　帰っていく！
ねぇ　虫さん！　ぼくの仲よしの虫さん！
こんなところにいないで　遠くへ飛んでおゆき
この収容所には　お日さまの光もないし
　　暖かな　ひなたもないんだ
ここには　みどりの木もはえていないし
　　バラの花も　ありゃしない
ここでは　みんな苦しんでいるんだよ
　　自分の家に　帰りたくって
ねぇ　虫さん　きみはどこに住んでいるの？
　　ねぇ　きみはどこへ飛んでいくの？
ぼくの　大好きなおばあちゃんは
　　いつ　帰ってくるんだろう？　あの「東」から……

エビィカ（本名不明・女）9歳
＊エヴィカは、おばあちゃんにつづいて、両親といっしょに「東」へ送られた。家族のうちひとりも帰ってこなかった。

ハナ・グルンフェルドヴァー（女）
1935年5月20日生まれ、生存
楽しいわが家をかいたつもりなのに、いつのまにか三段ベッドが……

エヴァ・マイトネロヴァー（女）
1931年5月1日生まれ、1944年10月28日アウシュビッツへ
安息日を祝うテーブルに、料理のお皿がわずかしかならんでいない

284 秘密《ひみつ》の道をぬけて

♥♥♥

●ロニー・ショッター著　●中村悦子絵
●千葉茂樹訳
●あすなろ書房

南北戦争前のアメリカ。夜中にふと目を覚ました少女アマンダは、父さんが北をめざす逃亡奴隷たちを助ける秘密組織、「地下鉄道」の一員であることを知ります。アマンダはかくまうことになった奴隷の家族のなかにいた少女ハンナと友情を育みますが……。カナダへの逃亡奴隷脱出ルートと、実在の組織「地下鉄道」を題材にした物語。本当の自由とは？　人として何が必要か？　さまざまなことを考えるきっかけとなる一冊です。
※品切れ中、重版未定

285 ならの大仏さま

- ●加古里子文・絵
- ●復刊ドットコム

奈良の東大寺にある巨大な大仏。それがいつ、なぜ、どうやって造られたのかが平易な文章と緻密なイラストで紹介されています。平城京ができたいきさつや、世界的な視野で見た仏教の伝播などと絡めて解説してあるため、理解に奥行きが生まれます。修学旅行などで奈良に行く前に読むのがおすすめです。

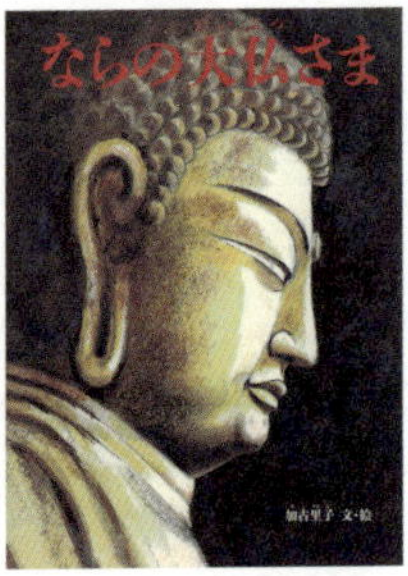

286 算法少女

- ●遠藤寛子著
- ●筑摩書房

江戸の町娘あきは、父である千葉桃三から算法の手ほどきを受けています。ところがある日、観音さまに奉納された算額に誤りがあることを見つけたことから、思わぬ騒動に発展してしまいます。安永４年1775年に出された実在の和算書『算法少女』を題材にして書かれた、異色の歴史小説。

「江戸時代の日本は、こんなに算数が流行っていたということに驚き！」（小６女子）

287 人間だって空を飛べる アメリカ黒人民話集

- ●ヴァージニア・ハミルトン語り・編　●ディロン夫妻絵
- ●金関寿夫訳
- ●福音館書店

かつて奴隷としてアメリカ大陸に連れてこられた黒人たちの間に伝わっていた、数々の物語を収めた民話集。アフリカの熱気が伝わる動物の話、一風変わった怪物の話、自由を求める人々の話──。読んだあと、現実の世界でも奇跡が起きることを信じたくなってきます。

289 あなたが もし奴隷だったら…

- ●ジュリアス・レスター文　●ロッド・ブラウン絵
- ●片岡しのぶ訳
- ●あすなろ書房

288 あのころは フリードリヒがいた

- ●ハンス・ペーター・リヒター作　●上田真而子訳
- ●岩淵慶造さし絵
- ●岩波書店

291 シェイクスピア物語

- ●ラム作
- ●矢川澄子訳　●アーサー・ラッカムさし絵
- ●岩波書店

290 怪談－小泉八雲怪奇短編集

- ●小泉八雲作　●平井呈一訳　●須田寿さし絵
- ●偕成社

column

読み聞かせに向いている昔話の本

「読書、読み聞かせの万能選手」である昔話。リストに紹介したもの以外でも、以下に紹介する本は読み聞かせにうってつけのものばかりです。

ぜひ、子どもたちとさまざまな昔話世界を楽しんでください。

■**『子どもに聞かせる世界の民話』**（矢崎源九郎編 / 実業之日本社）
長く絶版だったものが復刻。世界中のありとあらゆる民話が載っていて、読み聞かせやストーリーテリングに向いている。読み手に向けたミニコラムも充実していて、目次には読み聞かせの目安の時間も書いてあって便利。

■**『エパミナンダス　愛蔵版おはなしのろうそく 1』**
（東京子ども図書館編 / 大社玲子絵／東京子ども図書館）

語り手用のテキスト集『おはなしのろうそく』より 1 巻目。数々の昔話や物語のみならず、手遊び、なぞなぞ等幅広く収録されている。

■**『子どもに語るアジアの昔話 1・2』**
（アジア地域共同出版計画会議企画・松岡享子訳 / こぐま社）

タイ、フィリピン、イラン、ラオスなど、アジア 17 か国 27 話をおさめた昔話集。おおらかな雰囲気あふれる魅力的な昔話が味わえる。

■**『子どもに語るグリムの昔話 1 ～ 6』**
（ヤーコプ・グリム、ヴィルヘルム・グリム著　佐々梨代子、野村泫訳　ドーラ・ポルスター扉絵 / こぐま社）

ストーリーテリングの先駆者と、ドイツ文学者による共訳。「さすが」と思わせる、練られた言葉選び。

■**『子どもに語る日本の昔話 1 ～ 3』**
（稲田和子、筒井悦子著　多田ヒロシカット / こぐま社）

昔話の再話に取り組んできた研究者と、家庭文庫で語りの活動を行ってきたストーリーテラーによる昔話集。各地域の方言も生かした言葉選びで、物語をより魅力的にしている。

■**『みどりいろの童話集』**
（アンドリュー・ラング編　川端康成、野上彰編訳　佐竹美保絵 / 偕成社）

イギリス人文学者であるラングが、世界各国の昔話、創作童話を再話し、各巻に色の名をつけて編んだシリーズの第 1 巻。日本の昔話も収められている。

自分だけの物語を

いつの頃からか、さまざまな物語を求めて、国内外のあらゆる土地を旅するようになりました。

たとえば、日本の各地をまわって、数々の昔話や民話が生まれた場所を訪れました。岩手県の遠野や出雲地方、宮崎県の高千穂のほか、「鶴の恩返し」や「浦島太郎」「怪談」などの伝承が伝わる地を訪れ、語り継がれている物語に直接触れることができました。

イギリスでは、『クマのプーさん』や『ピーター・パン』、『たのしい川べ』『思い出のマーニー』など、名だたる児童文学の舞台となった土地を10か所以上まわりました。自分がまるで物語の世界に入りこんだかのような、不思議な感覚を覚えたものです。

ドイツでは、グリム兄弟が生まれ育った町や、さまざまなメルヘン、伝説の舞台となった土地を訪れました。「笛吹き男」によって130人の子どもが行方不明になったと伝えられるハーメルンの町なども訪れ、数百年前の物語が今でも語り継がれていることに、改めて驚きを感じました。

そうした数々の物語の舞台に実際に身を置くことで実感することができたのは、長い年月をこえていくたの物語を語り継いできた、人々の強い思いです。

「今、何としてでも語り継ぎたいことがある」

「これは語らなければならない」

人びとのそんな強い願いが、数々の物語が時をこえて残ってきた原動力になったのです。

「広い日本の中には、実際どんな珍らしい宝玉がどんなに多く土の中に埋没されているか。其れを掘り起こさなければならないと思ひますから。」（『佐々木喜善全集(I)』収録『江刺郡昔話』遠野市立博物館編より）

この言葉は、『遠野物語』を著した民俗学者の柳田國男に民話を提供した、佐々木喜善の言葉です。

そう、豊かな物語とは、実は身のまわりの至るところにも隠されているのです。そしてそれらは、見ようとする目、感じ取ろうとする心さえ持てれば、掘り起こせるものなのだと思います。

そんな、人々の思いが込められた物語を見つけ、感じ取れるたしかな心を持っていきたいと強く思います。

ドイツへの旅の最終日、作家ミヒャエル・エンデのお墓を訪れました。ミュンヘンの郊外にある、静かな森林墓地。開いた本の形をかたどった青銅製の墓碑のまわりには、色とりどりの花が咲き乱れていました。墓碑にはフクロウやカタツムリ、ユニコーンなどエンデの物語世界を思わせるキャラクターも彫られていて印象的。

墓碑の端の部分には、エンデの代表作『モモ』に登場するカメ、カシオペイアの姿もありました。主人公であるモモを、時間の国へと導いてくれるカメ。

背中にはドイツ語の「HABE KEINE ANGST」、作中にも登場する「オソレルナ」という文字が彫られていました。そして、カシオペイアの表情を見ると、何とも言えず満ち足りたような笑顔を浮かべていました。

その笑顔を見ると、なぜだか自然と涙が出てきました。その理由を言語化するのは難しいですが、そのとき私の脳裏には、音楽家・武満徹の次の言葉が浮かんでいました。

「この世界を、もうどうしようもなくなっているのに、やはり肯定したい気持ちにさせられる。あきらめと希望が同居し、明るさと悲しみが一緒くたなのに、私は明日のことを考えている」

この本のブックリストでも紹介した写真家・星野道夫氏の著作にも、印象的に引用されていた言葉（『長い旅の途上』文藝春秋）。

宮沢賢治の『よだかの星』でも、よだかは最後にふっと笑顔を浮かべて星になりました。人生最後の瞬間に、それまでに経験してきたいいことも悪いことも、すべてを「よきこと」として受け入れ、笑顔でいられるかどうか。最終的には自分が歩んできた道を、すべて受け入れて肯定できるかどうか――。それが、人が生きていくうえで実はとても大切なことなのではないかと、最近では思うようになりました。

本文で述べたように、人は誰しも自分の人生という物語をつくって生きていきます。私たちも、そして子どもたちも。

他の誰でもない、自分自身が人生の主人公であることに気づき、この世界を肯定しながら生きていくことができれば、その人の人生はどんなものにも代えられない、自分だけの人生の物語となります。

一人ひとりの子どもたちがこの世界の至るところに眠っている豊かな物語に触れることをとおして、今度は自分自身の物語を力強く作っていけることを願ってやみません。

そして、この本がそのための一助になるのであれば、それに勝る喜びはありません。


この本は、たくさんの方々の協力がなくては完成しませんでした。

高濱正伸さんをはじめ、同じ花まるグループの仲間たちは、どんなときでも私を支えてくださっています。心より感謝申し上げます。

そして、教室の子どもたち。子どもたちを預けてくださっているお父様、お母様方。特に今回のブックリストは、皆さんのお力なしには完成させることができませんでした。改めて、御礼申し上げます。

実務教育出版の堀井さんは、本書が出版されるまであらゆる面で根気強くサポートしてくださいました。本当にありがとうございました。

そして、今までもこれからも、私たちを豊かな物語世界に導いてくれる、児童文学のすばらしい先人たち。改めて尊敬と感謝の意を表するとともに、これからも数々の魅力的な物語が時をこえて読み継がれていくことを、心から願います。

最後に、喜びも悲しみも共にしてきた家族の皆に、最大級の感謝をささげます。

2016年10月　平沼純

おわりに

この本は、平沼純のデビュー作です。彼は若いのですが、花まるグループの講演会研修という、全社員が講演をやって、叩かれたりほめられたりして、自分の強味を見出しプレゼン力を育む研修で圧勝しました。国語指導で長年食ってきた先輩も大勢いるし、私を含め本好きなど山ほどいる会社です。

しかし、話し終わったときに、「うわ、勝てないわ、これは」と皆に感じさせる迫力でした。氷山の下とも言えるでしょうか、本を愛する思いと実際に読んだ圧倒的な読書総量と、そこで感じ考えて積み上げた読書哲学の確かさを感じたのです。

そういう彼が、今回の執筆を終えて、「この本自体が、『ごはんの本』になるようにと思って書きました」と言い切りました。

そうなるかどうかは、読者が決めることですが、子どもを本物の読書好きに育てるために、役立つ情報が満載であることは確かです。

しかし、だからこそ、長年子育ての現場を見てきた者として、一点だけ追加のアドバイスがあります。私からの補足のアドバイスとしてお読みください。

たとえば、「はじめに」の冒頭に親のＮＧワード集がありますが、こういう情報の注意すべき点は、表面的な消化をしてしまうことです。

「読み終わったの？　じゃあ、どんな話でどう思ったのかを説明して」という言葉を見て、多くのお母さんは「こういうことを言ってはいけないのね」という結論を導きがちです。

そうではありません。

私たちは、子どもたちに要約力をつけさせるためには、漫画でも本でも、子どもたちが「読んだよ」と言ったときとか「映画を観た」と言ったときに、「それはどういうお話しだったの？」と一文で説明させるように仕向けましょう、できなければ親御さんがやってみせましょう、と保護者に語りかけてきました。

要約できる人間にならなければならないし、要約させてよいのです。

しかし、それを突きつけられて「嫌だなあ」と感じる子どもが大勢いるくらい、親と子の現場では「言い方が難しい」のです。ついつい口頭試問でもするようなアプローチをしてしまう親御さんが何と多いことか。

本当は、どうすればよいのでしょうか。

ひと言で言えば、「芸風」が必要だということです。「いいなあ、読んでみよう」という気になるハッピーなテイストが求められるということです。

たとえば、同じ「よかったね」という言葉も、ぶっきらぼうに言われて「皮肉なのかな?」と感じたことは誰でもあるでしょう。逆に、満面の笑顔で心をこめて言われれば、その共感の思いを感じて最高の喜びすらもらえるのです。

要約のことで言えば、あなたという大切な存在がおもしろいというならば、私はぜひ知りたいという気持ちを込めて、「え、どういう内容、どういう内容?」と聞けば、喜んでしゃべりだすでしょう。幼ければまとまりのないのが普通ですが、「関心あるよ」という表情でうなずき聞く、そして、「じゃあ、ひと言で言えば、○○さんが△△した話なんだね。おもしろそうだねえ!」というように、何度もやってみせて、徐々に「一文要約」に近づけていくのです。

つまり、わが子を本好きにさせたいのですから、そこにはいつも、肯定と楽しそうな気分が必要なのです。そしてそれは、親御さん自身が「本当に、本っていいよねえ。おもしろいよねえ」と感じて生きていることが問われるのです。

「楽しいんだから、楽しさを伝えたい」

これが、子どもを読書に導く基本の心構えなのでしょう。本書に記された「10の秘訣」の最後、「まずは大人自身が楽しもう」とは、まさにそのことを表しています。

この本を読んでくださったみなさんのそばにいる子どもたちが、本のすばらしさを感じ、のめりこみ満喫して、本を愛する人に育ちますように。

2016年10月　花まる学習会　高濱正伸

高濱正伸（たかはま　まさのぶ）

テレビ「情熱大陸」「カンブリア宮殿」「ソロモン流」、朝日新聞土曜版「be」、雑誌「AERA with Kids」などに登場している、熱血先生。

保護者などを対象にした年間130回をこなす講演には、“追っかけママ”もいるほどの人気ぶり。

1959年熊本県生まれ。東京大学・同大学院修士課程修了。1993年、「数理的思考力」「国語力」「野外体験」を重視した学習教室「花まる学習会」を設立。算数オリンピック委員会理事。

主な著書に、『子どもの「書く力」は家庭で伸ばせる』『働くお母さんの子どもを伸ばす育て方』『高濱コラム～子どもたちを育てる目』『お母さんのための「男の子」の育て方』『お母さんのための「女の子」の育て方』『子どもに教えてあげたいノートの取り方』『13歳のキミへ』『中学生　中間・期末テストの勉強法』『中学生　高校入試パーフェクト準備と勉強法』（以上、実務教育出版）、『算数脳パズルなぞペー』（草思社）など。監修書に『天才くらぶ　チャレペー①～④』（実務教育出版）。

平沼純（ひらぬま　じゅん）

1982年生まれ。慶応義塾大学文学部卒。同大学院社会学研究科修士課程修了。教育心理学を研究し、「自分の視点を持って考え、力強く生きていく力の育成」をめざして教育の世界へ。国語を専門とする学習塾で読書・作文指導、教材開発などに5年間ほど携わったあと、2012年より花まるグループに入社。

現在、小学生から中学生までの国語授業や公立一貫コース授業のほか、総合的な学習の時間である「合科授業」などを担当。多数の受験生を合格へ導くとともに、豊かな物語世界の楽しさ、奥深さを味わえる授業を展開し続けている。2015年度からは、欧米の「リーディング・ワークショップ」、「ライティング・ワークショップ」の手法を取り入れた国語授業をスタート、好評を博している。書籍や雑誌記事の執筆に加え、講演活動も積極的に行い、本を読む大切さを訴えつづけている。

子どもを本好きにする10の秘訣

2016年11月10日　初版第1刷発行

著　者　高濱正伸・平沼純
発行者　小山隆之
発行所　株式会社実務教育出版
163-8671　東京都新宿区新宿1-1-12
電話　03-3355-1812（編集）　03-3355-1951（販売）
振替　00160-0-78270

印刷／文化カラー印刷　　製本／東京美術紙工

ISBN978-4-7889-1196-3 C0037

[ISBN978-4-7889-1054-6]